# ヨガ数秘学

Yoga Numelogy 2021

マダムYUKO

# はじめに

## 数秘学をこのわたしに信じろと？

マダムYUKOになる前のわたしは、こんな感じ。占いに関心ゼロ、スピ系は大の苦手、自分がかに座だってことは知っていたけど、12の星座の区別もつかないぐらい。科学的じゃないものなんて、うそばっかり。信用に値しないって心から思ってたわ。信ぴょう性の薄い、ふわふわしたものに群がる人たちには、理解も共感もできなかったの。新宿の母に占ってもらおうと、新宿伊勢丹の前で何時間も並ぶ彼女たちってどうなのよ？　って、冷め切った目で見てたわ。

## 人生の巡り合わせ

だけど、人生って不思議。通訳の仕事を通して、ヨガ数秘学に出会っちゃったの。数秘学の講座なんて自分からは絶対に行かないから、これはまったくの偶然の巡り合わせ。仕事はちゃんとする主義なので、通訳するための準備はしたわよ。数秘学ねぇ、とあやしみつつ、資料に目を通し、今は師となったタイラー・モンガンの著作を読み、2日間の講座の通訳をして……。ところがには、すっかりヨガ数秘学の世界にはまっていたの。これは、わたしのためにある教えじゃないの、と思うぐらいに。

## なぜにヨガ数秘学？

でも、なぜにそこまで夢中に？　それはね、やっぱりヨガ数秘学が「あたっていたから」。生年月日の数字が、こんなにも正確に自分のことを言い当てている、というのは衝撃的だったわ。2日間学んだだけで、自己理解が恐ろしいほど深まって、長年知っていた自分に、もう一度出会ったみたいだったの。科学的でないとか、エビデンスがないとか、常識から外れてるとか、そういうことは、もはや、どうでもよくなって、数秘学ってすごすぎる！　もっと知りたい！　ただ、これだけだったわ。

## 心の人だってわかってたけど……

自分が〝心の人〟だっていうのはわかってたのね。思いの強さは誰にも負けず、好きになったら、世界の果てまで飛んでいけるし（本当に、飛んでいけるのよ）、心も感情も好きという気持ちも、それ以上に大切なものは、世の中にあるわけないと、それこそ、心の底から信じてたわ。ただ、やっぱり、思い悩んだり、感情に翻弄されることも多くて、これは一体なんだろう、とぼんやり、考えてたのよね。心が繊細で、どうでもいいことで傷つくし、嫌な気分を永遠に引きずるし、心が折れたら最後、その体験の周辺にいた人は全員、人生からシャットアウト。こういうのは、大人としてどうなんだろう、とも。

## 生年月日チャートの数字が伝えていたこと

ただそんな疑問も、自分の生年月日チャートに並ぶ二つの「6」を見て、さっさと解決。「6」は心の数字だけど、〝いい「6」〟と〝問題になりやすい「6」〟が隣り同士で仲良く並んでたの。心の力を「世の中でいちばんいいもの」と思いつつ、裏切られるように、傷つくとか、心が折れるとか、胸骨の奥が痛いとか、涙するとか、思い悩むとか、乱れる心にしんどい思いをしてきたのも、結局のところ、そういうことだったのね、と。わたしは心の人だけど、いいところばかりでなく、そうでないところも、経験するように生まれついたんだと、なんていうのかしら……あきらめがついたというか、腹がすわったというか。

## あなたのストーリー、あなたの姿

マダムYUKOのストーリーをご紹介したけど、これはわたしだけのことじゃないわ。ヨガ数秘学を学ぶ人、自分の数字たちとともに生きる人たちは、みんな、こういう数字体験をするものなの。あなたの中で、慣れ親しんでいるけれど、もやもやとして、はっきりとした輪郭のないもの。あなただけが知っているあなたの秘密。数字を見ると、そんなことすべてが明確に浮かび上がってくるの。生年月日の数字は、あなたの内面すべてを鏡のように映し出すもの。あなたの姿を、飾らず、ゆがめず、ありのままに伝えてくれる最強のツールよ。

まずは、生年月日チャートを作り、あなたの数字に出会うことがはじめの一歩。ヨガ数秘学は、語るものではなく経験するもの。あなたはそこでどんな自分に出会い、どんな発見をするのかしら?

ヨガ数秘学の世界へようこそ!
数字の教えを楽しまれますように。

マダムYUKO

# ヨガ数秘学2021 目次

序章

Introduction

# ヨガ数秘学とは

ヨガ数秘学は、
インド発祥のクンダリーニヨガという流派で、
現在も実践されている数秘学をもとに、
アメリカ出身のタイラー・モンガンが再構築したもの。
自分を知り、人を知ることのできるすぐれた教えを、
ヨガのコミュニティの外でも使えるようにした、
どんな人にも役立つ教え。

# ヨガ数秘学ことはじめ。

ヨガ数秘学の「ことはじめ」は、生年月日チャートを作ること。チャートには、ポジションが九つあって、ここに、あなたの生年月日から算出した、「1」から「11」までの数字を書き込んでいくの。数字の計算は、小学校の算数ができれば大丈夫。シンプルで、あっという間に完成しちゃう。ただし。このチャートは「あなた」に関する情報の宝庫。自覚があることも、自分でも気づいていないこともふくめて、あなたのことは、このチャートに「す・べ・て」書いてあるって言っても、言いすぎではないと思うわ。

チャートの数字からは、あなたの課題や学び、本質や支え、第一印象、持って生まれた強み、過去生、人生の目的と、果たすべき役割など、いろんな情報が読み取れるの。九つのポジションには、それぞれに対応する年齢があって、「今現在のあなた」にどの数字が大事なのかがわかるのよ。チャートの数字を見ることで、過去を振り返ったり、未来を予測できるところもポイント。ヨガ数秘学は、占いとはちょっと違うけれど、チャートの数字を読み解くことで、

### ヨガ数秘学のチャート

生年月日チャートは、ヨガ数秘学の真骨頂! チャートには九つのポジションがあり、それぞれ異なる意味と人生の時期を表しているの。その人の一生が描き出される人生の地図だというところもポイント。ポジションの特徴を正しく知るのが数秘学修行のはじまりね。

### ヨガ数秘学ってなに?

ヨガ数秘学は、生年月日の数字を使って、個人の持つ性質や課題、強みや生まれてきた目的を読み解くものよ。ヨガをベースにした教えで、自分の性質を知り、自己理解を深め、自分らしくハッピーに生きる手助けとなる最強の数秘学よ。

未来を見通し、そのための準備をすることができるの。

## 年の数字「イヤーナンバー」

チャートの九つの数字に加え、大事な情報源になるのが「グローバルイヤーナンバー」と「パーソナルイヤーナンバー」。これは、9年周期で毎年変わっていく数字。「グローバルイヤーナンバー」は、世界全体に流れるその年の数字のエネルギー。地球人全員が同じように感じ取るのが特徴で、社会の動向や雰囲気を表すナンバーとも言えるわ。「パーソナルイヤーナンバー」は、その年の個人の流れを示す数字。この二つの数字の組み合わせで、その年全体の動向がつかめるので、必ず知っておきたい数字なの。

特に、「パーソナルイヤーナンバー」は、ヨガ数秘学のマストアイテム的な数字。その年ごとのすごし方、すべきこと、気をつけるポイントが具体的にわかるので、チャートの数字と合わせて、必ず知っておくべきなの。イヤーナンバーは、毎年チャートの九つの数字に加わる、十番目の数字だと思えば、わかりやすいかも。イヤーの数字は、1（10）から9まで順番に進んでいくので、

### 生年月日が表すもの

生年月日の数字は、あなたについての情報がたくさんつまってるわ。そこから読み取れるのは、①あなたの本質、②課題、③支え、④第一印象、⑤核となる性質、⑥持って生まれた強み、⑦過去から持ってきた強み、⑧強みをいかして得る新たな強み、⑨人生の目的と果たすべき役割よ。

### 数字の性質って？

ヨガ数秘学で使う数字は「1」から「11」までで、それぞれが異なる性質を持っているの。これは11人の性格の違う人がいるみたいなものね。各数字には固有の特性があって、それが振り子が揺れるみたいに、プラス方向へ傾いたり、マイナス方向へ傾いたりしているの。

あなたのチャートにない数字も、九年に1回は体験できるようになってるのも、おもしろいところよ。

## 「未知の自分」と出会い、調和する

チャートの数字を見れば、つまずきやすいポイントや、生まれ持った強みは一目瞭然。現時点で気をつけること、この先すべきことも分かるの。数秘学の教えに従って、数字の性質とその動き方を知り、チャートの九つのポジションを知り、イヤーナンバーを知り、と学びを深めていくと、「自分」がどんな人間なのか、はっきりと浮かび上がってくるわ。それは「慣れ親しんだわたし」と「未知の可能性としてのわたし」が混在している、あなたという人の全体像。「本物の自分」に出会えるように、あなたを導いてくれるのが数字の教えなの。

数字が書き込まれたチャートは、あなたのすべてを描き出し、人生の中で進むべき道を示してくれるもの。昨今、自分ってそもそも、何なのか？　がわからなくなって、人生の道を迷いながら歩む人も多いけれど、数秘学は、あなたらしい生き方って何なのか、あなたの課題は何か、それをどう解決すべきなのかを示唆してい

### 数字のプラスの面、マイナスの面

数字は有機体。人と同じように、調子がいいときと、そうでないときがあるのね。数字のバランスが取れている＝数字のいい面が出てくる、数字のバランスが崩れている＝数字の悪い面が出てくる、こんな感じ。それは数字の持ち主（＝あなた）の状態に大きく影響されるの。

### いい数字、悪い数字

数字自体の良し悪しはないの。「わたしはヘンな数字を持っているんじゃないかしら」と心配しないで。ただ、要注意な数字はあるわ。それはあなたの誕生月の数字（12月生まれの人は「3」ね）。ただ、これもその数字が悪いわけじゃなく、数字のマイナスの性質が出やすいってことよ。

るの。数字の教えに従って、自分の経験を心から大切にしながら生きていくと、「あなたらしさ」、「あなたらしい生き方」って何なのかが、腹の底からわかってくるわ。

チャートの数字は、どれもあなたを作るエレメント。どれが欠けても、あなたはあなたでなくなるの。チャートは、あなたのライフストーリーをつむぐ一冊の本。あなたのすべてを語っているの。自分の数字を知り、受け入れて。避けたり嫌ったりせず、自分の一部として認めてね。矛盾や違和感、抗いも、すべて引き受ければいいの。数字の教えを生活に取り入れることで、生まれてくるもの、それは、絶対的な安らぎと調和。課題を持つ自分もふくめ、まるごと受け入れて、愛することができるようになるわ。

## 生年月日チャートの作り方

ヨガ数秘学のことはじめ、チャートの作り方を次ページにまとめたわ。生年月日さえわかれば、自分はもちろん、家族や友だちのチャートも作れちゃう。慣れれば、チャートの作成にかかる時間も1、2分。あなたも数秘学マダム／ムッシューを目指して、ここからがはじまりよ。

### 数字を使う

これはヨガ数秘学でよく使う表現のひとつ。自分の持つ数字の性質を、日常生活の中でいかすという意味よ。数字には、プラス面とマイナス面があるけれど、いい面を出せるように数字を使うこと。逆に、数字のマイナス面が出ているときには、数字を使えていない、と言ったりするわ。

### リーディングってなに？

ヨガ数秘学では①生年月日チャートを作成したら、②チャートの数字の読み解きをするの。これは数秘学の言葉で「リーディング」っていうのよ。チャートの数字がなにを意味しているのかを読み取って、そこに込められたメッセージを伝えること。それがリーディングなの。

# チャート計算表

数字が出やすい年齢 36歳〜54歳

## ギフトナンバー

手順 4

**持って生まれた強み**

——算出方法——

**西暦の生まれ年の下二ケタ**

例:1971年生まれ
→7+1=「8」
2003年生まれ
→0+3=「3」

**➡リーディング結果は**
**P190〜195をチェック!!**

## パストナンバー

**過去から引き継いできた強み**

手順 5

——算出方法——

**西暦の生まれ年4ケタ**

例:1998年生まれ
→1+9+9+8
=27→2+7=「9」

**➡リーディング結果は**
**P196〜200をチェック!!**

## アセットナンバー

**ギフトとパストを使って得る強み**

手順 6

——算出方法——

**ギフトナンバー**
**+パストナンバー**

例:ギフト「7」+パスト「8」
→15→1+5=「6」

**➡リーディング結果は**
**P201〜212をチェック!!**

### 計算するときのポイント

・初めての方は、手順ナンバー**[1]**から**[9]**の順に計算していきましょう。

・使用する数字は「1」から「11」までの計11種類。「12」以上の数字は、すべて十の位と一の位の数字を足します(例:12→1+2=3)。

※2000年生まれの方のみ、「ギフトナンバー」が「0」になります。

手順 9

## パーパスナンバー

**人生の目的、果たすべき役割**

——算出方法——

**生年月日の数字すべてを足す**

例:1963年12月11日生まれ
→1+9+6+3+1+2+1+1
=24→2+4=「6」

**➡リーディング結果は**
**P213〜235をチェック!!**

数字が出やすい年齢
54歳以上

あなたの数字も書き込んでみましょう

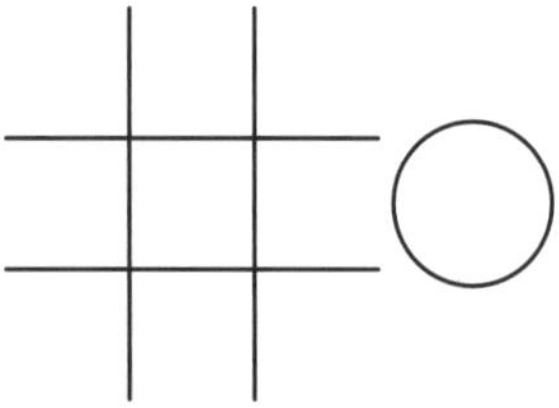

# ヨガ数秘学

数字が出やすい年齢 0歳〜18歳

## 手順1 ソウルナンバー

**自分の本質**

——算出方法——

**生まれた日の数字**

例:3日生まれ→「3」
23日生まれ→2+3=「5」

**➡リーディング結果は P063〜087をチェック!!**

## 手順2 レッスンナンバー

**課題、問題、学び**

——算出方法——

**生まれた月の数字**

例:1月生まれ→「1」
12月生まれ→1+2=「3」

**➡リーディング結果は P089〜113をチェック!!**

## 手順3 ファンデーションナンバー

**支え**

——算出方法——

**ソウルナンバー
+レッスンナンバー**

例:ソウル「11」+レッスン「3」
=14→1+4=「5」

**➡リーディング結果は P115〜137をチェック!!**

数字が出やすい年齢 18歳〜27歳

## 手順7 プロジェクションナンバー

**第一印象**

——算出方法——

**ソウルナンバー
+ギフトナンバー**

例:ソウル「4」+ギフト「8」=12
→1+2=「3」

**➡リーディング結果は P139〜163をチェック!!**

数字が出やすい年齢 27歳〜36歳

## 手順8 コアナンバー

**自分のコア、核**

——算出方法——

**レッスンナンバー
+パストナンバー**

例:レッスン「3」+パスト「10」
=13→1+3=「4」

**➡リーディング結果は P165〜185をチェック!!**

**「1」の性質**

内向きの視線、
地下へと拡がる独特の世界、
「自分/わたし」への興味と関心

**「1」のことば**

ソウル/魂、はじまり、
種、可能性、
ひとり、わたしの世界

**「1」のワード集**

エゴ、アイデンティティ、自分探し、
リーダー、一番、オリジナリティ、
エキセントリック、個性、頑固さ、
謙虚、素直、マイペース、独立、孤立

# 1の世界、1のストーリー

前を見ても後ろを見ても、何もない。誰もいない。ここにいるのは自分だけ。待っていても、誰も来ないし、何も起こらない。自分がどこにいるのかも、置かれている状況も、何ができるか、できないのかもよくわからずに、ただそこにじっとしているだけ。「1」は、小さな「点」。誰にも気づかれない、自分にも見えないぐらいの、小さな点なの。

ただ、しばらくすると、だんだんわかってくるの。あら。ここは「わたしの世界」なんじゃないの。じゃあ、好きにしてもいいのよね？　すると少しだけ、何かをやってみようっていう気になってくる。そこでやっと、自分の世界の中で動き始めるの。ちょっとずつ、おっかなびっくりに、外に向かって芽を出しながら、ゆっくり「わたし」を作っていくのね。

「1」は大きな可能性を秘めた小さな種。「今はまだ小さくて、力もないけど、いずれは大きな花を咲かせたい」。夢とも憧れともいえる、そんな願いを持ちながら、ひとりきりの「わたしの世界」で生きているの。そこには自分以外は誰もいない、人と自分を比べなくていい世界。ずっ

「1」の問いかけ

# 「わたしはだれ？」

「1」のマントラ

# 「わたしはわたし」

と一人きりなので、そもそも、他者って何かもよく分からないわ。だから、興味があるのは自分。探求しようと思うのは「わたし」という存在だけなの。

「わたし＝世界」の全体。これが「1」の公式ね。外の世界を知らない「1」の関心は、自分の内面に広がる世界を大きく、豊かにすること。作業を手伝う人はいないし、外からの影響を受けることもない。だから、アイデアはすべて、自分の内から生まれてくるの。器用じゃないから、何をやっても時間がかかるけど、「産みの苦しみ」を体験しながら、独自のもの、唯一のものをマイペースで育てていくのが「1」の特別なところ。ゆっくりと成長しながら、自信をつけていくの。

これでいいのかしら？　と悩むのは、世界の外に「他者」の影が見えたとき。自分に対する疑いの気持ちが生まれて、不安になるの。せっかく芽を出し、花を咲かせようとしてたのに、一気に自信を失って、小さくなって、「種」、「小さな点」に戻ったよう。でも、他者の影が消え、自分の世界に戻ってしばらくすると、元気を取り戻すわ。そして、こんなマントラを唱えるの。わたしはわたしでいいの。特別な世界を作るわ、わたしだけのユートピアを。

# 1と愛

## 「心を開いて、気持ちを素直に伝えて」

個性的でどこかエキセントリックなあなたは、内面の世界が充実している人。普通とはちょっと違う、特別なものを持っているの。あなたにとって恋愛は、自分の内に広がる「マイ・ワールド」に相手を招き入れること。カギとなるのは、開いたハート。心の思いを素直に出すっていうのが大切なの。

一途な思いがあなたの愛。器用ではないけれど、純粋な気持ちであふれているの。自信をなくしたり、問題が起きたりすると、心を閉じてひとり、内にこもりたくなるけれど、自分の存在のドアを閉めてはダメ。あなたのことが好きで、あなたを知りたい、と思っている人がいることを思い出して。

心を開けば、いろいろな出会いがやってくるわ。あなたの精神世界に興味がある人。道に迷ったとき、引っ張りあげてくれる人。あなたの才能を信頼し、敬意を寄せる人。頑固さと繊細さの両方を持つあなたを自然に受け入れる人。

あなたの方も少しがんばって。気持ちを伝えたり、思いを打ち明けたりしてほしいの。困っているとき、ひとりで悩まないでね。頼るのは悪いことじゃないわ。あなたの寂しがりだったり、甘えん坊だったりするところも素直に出せばいいの。それもあなたの魅力なのよ。

愛はゆっくりと深まるもの。気をつけたいのは、自分の世界にひとり、こもらないこと。自己完結しないこと。好きという気持ちを言葉や態度で表してね。焦りは禁物。のんびり関係を作っていって。

**恋愛の傾向**

内にひろがる豊かな世界、
「ひとりでこもる」ところあり、
感情表現はちょっと苦手

# 1と仕事

## 「独自のアイデアをいかして、あなたらしく」

あなたは、この世にまだないような、ユニークなものを生み出せる人。新しいアイデアはすべて内から出てくるから、普段から好奇心を持って、自分の中の世界を観察してね。プロジェクト、アート、ビジネスなど、アイデアの表現方法はいろいろ。あなたは、新たな分野を開拓するパイオニア。臆せず、いろいろ試してみて。

数ある職業の中でも、あなたが無理なく実力を発揮できるのが、ひとりでできる仕事。どこかに所属して働いてもいいけれど、独創性と発想力のあるあなたには、ビジネスを立ち上げるのもおすすめよ。既存のものとは違う、斬新なものができる可能性あり。アイデアがあったらチャレンジして。

会社勤めなら、自由がきくポジションで働けるといいわ。まわりとコミュニケーションをとりつつも、自分のペースで進められる仕事ね。チームと組むときにも、あなたの役割がはっきりしていると、やりすいはずよ。四六時中人といると疲れてしまうので、そこは気をつけて。

意思が強く、アイデアが豊富。根気もあるあなたには、リーダーのポジションもぴったり。目標に向かってみんなを引っ張っていけるわ。「ひとりのエネルギー」が強いところには注意。言葉や態度で、みんなのことを気にかけてます、と示すようにして。リーダーとして「声がけ」、「顔見せ」はとっても大事。信頼関係はそこから生まれるの。

**向いている働き方**

自営業、研究者、パイオニア、
社長／代表／リーダー、アーティスト、
マイペースでできる仕事、
ひとりでできる仕事

## 「2」のことば

「あなた」への目線、
マイナスを見るマインド、
つながり、関係、二者関係、陰陽、調和、不安、
わたしとあなたの世界

## 「2」の性質

他者とのつながりへの渇望、
目の前の人を大切にする、
リスクや危険の回避

## 「2」のワード集

対極を成すもの、ソウルメイト、恋人、
親友、パートナー、不足感、慎重、
注意深さ、気づかい、リスク、2番手、
サブ／副リーダー、依存、恋愛中毒症

# 2の世界、2のストーリー

ひとりの世界との別れは、ある日突然やってくるの。突如として大きな力が働いて「おおもと」から引き離されてできた分身、それが「2」。そこに生まれるのは「二人の世界」。住人は「1番目の人」と分身である「2番目の人」。ただ、「1」の人は満ち足りた様子なのに、分身の「2」の人は不安ばかり。それも当然なのだけど。「2」は、望んでもいなかったのに「1」から引き離されて、放り出されるように、この世界に生まれてきたのだから。

これは世の中のとある事象によく似ているわ。それは「出産」。出産は、母体と一体化して、何不自由なく過ごしていた胎児が、世界にひとり、放り出されること。母親の子宮は温かくて柔らかく、ゆりかごのように優しく揺れる、まさに楽園。なのに、別れはある日、突如としてやってくるの。きゅうくつで狭い産道をやっとのことで通り抜けると、待っているのはひんやりした世界。そこで赤ちゃんは感じるの。「わたしは母親に見捨てられたの？　ひとりぼっちで不安。心地よかったあの場

「2」の問いかけ

# 「わたしは何とつながりたいの?」

「2」のマントラ

# 「あなたが大切。
# でも、わたしひとりでも大丈夫」

所はどこ?」

　世界の中で歩み出したあとも、こういう不安はトラウマとなって残るの。突然引き離された経験が刷り込まれ、常にどこかに不安があるのね。いつも誰かといたかったり、理由もないのに心配したり。自分を半分どこかに置いてきてしまったような「不足感」があったりも。そこで自然と求めるようになるのが「つながり」。ひとりでいるのはいや。わたしの心の隙間を埋めてくれる人はどこ?

　なくしていた、わたしの「半分」を見つけたら、至福の時が訪れるわ。運命の人。会うべくして出会った人。満ち足りた気持ちでいっぱいになるの。グル、パートナー、ソウルメイト。ひとたび強く結びつくと、自分のことはそっちのけ。それも当然。「2」は、この世に生まれた瞬間から「あなた」を探していたのだから、母に「見捨てられた」新生児が、再び母親を求めるように。「2」は戻りたいの、自分がかつていたところに。この世界にひとり、放り出されるまでは。

# 2と愛

## 「心のつながりを感じられる人と」

気づかい上手で繊細なあなた。恋愛体質で、いったん好きになったら、相手に自分をすべて、あげちゃうぐらい。パートナーとは一心同体。つくすことが、あなた自身の喜びになるのね。つながり、調和するあなたの性格は、恋人と寄り添うのにぴったり。絵に描いたような、ロマンチックな愛を育むことも。

相手の気持ちがよくわかり、求められれば、いつでも手を差し伸べられるあなた。もともと、困っている人を放っておけない性格だけど、好きな人だと、それに拍車がかかる感じ。先回りするように相手に必要なものを察し、絶妙なタイミングで差し出せるあなたは、とにかく頼りになる存在なの。

自分はしゃしゃり出ることなく、サポート役に徹するあなたは、どこか昭和的。亭主関白なんてはやらないけど、それも案外しっくりくるのかも。ただ、あなたの優しさを利用しようとする人もいるわ。そんな人には気をつけて。あなたはサポートする側でも、二人の関係は平等でないといけないの。

あなたの気づかいを理解し感謝できる人、というのがパートナーの条件。真正面から向き合う関係、そして何より、お互い愛しあっていることも、あたりまえだけど大事だわ。

持ちつ持たれつの関係もいいけれど、あなたには、大人の恋愛も似合うの。つくすとか、頼るというのではなく、お互いをリスペクトしながら協力しあう、大人の関係。精神的に独立したあなたなら、こういう関係も心地よく感じるはずよ。

**恋愛の傾向**

気づかいと思いやり、繊細さ、
恋愛体質、「いっしょにいたい」、
結びつきとつながりへの憧れ

## 2と仕事

# 「仕事はあなたの一部となるもの。熱意がカギよ」

「やってみたい」と思える仕事を選んでね。そういう仕事なら、実力も十分に発揮できるわ。お給料は我慢料なんて感じだと、つまらないだけでなく、あなたの中の大事なものまで失われちゃう。仕事＝あなたの生活。自分の一部として、迎え入れるべきものなの。イヤだって思っていると、自分をいかせず、もったいないわ。

　あなたの強みは気がきくこと。慎重で注意深く、細かいところに目がいくので、トラブルの芽も早いうちにつみとることができるの。細部まで目が行き届くあなたは、誰も気づかないようなリスクも早い段階で見通すことができるわ。ミスやリスクを回避しながら、ゴールを目指して進めていくのがあなたのスタイルなのね。

　人とのつながり、特に1対1の関係づくりも上手。どんな人とも丁寧に向き合うから、お客さんからの信頼も厚く「○○さんだから」と指名されることも。仕事で出会う人それぞれにまっすぐに向き合えるのは、決して簡単ではなく、あなただからできること。忙しくなっても、これを忘れず、きめ細かなサービスを提供してね。

　向いているのは、サブリーダー。ゴールに向かって進むリーダーが、まかないきれない課題や問題に気づき、有形無形のサポートをする立場ね。信頼している上司やボスのもとでは、あなたのやる気や能力は格段にアップするわ。ただし、ちょっと尊敬できない……という人のもとで働くときには気をつけて。きっとストレスが大きいわ。

**向いている働き方**

サブリーダー、ボスの右腕、
品質管理、保険会社、
顧客との1対1の関係作り、
リスクマネジメント

「3」のことば

プラスを見るマインド、
前向き、ポジティブ思考、
子ども、思考の自由、創造性、
みんなの世界

「3」の性質

いつも楽しく、みんなで仲良く、
困ったら逃げる、
束縛はイヤ、自由でいたい

「3」のワード集

前向き、プラス思考、楽しい、
明るい、クリエイティブ、
風や川の流れ、子ども、友だち、
チーム、コミュニティ、サポート、
三角関係、無責任、不真面目、柔軟性、

# 3の世界、3のストーリー

ひとりきりの「わたし」の「1」の世界から、他者との関係が作られる「あなたとわたし」の「2」の世界へ。じゃあ、二人の世界から何ができるの？　それは「みんなの世界」。「3」が作るのは、みんなが集まり、くっついたり離れたりしながら、ただ好きなことをしている、楽しい遊びの世界。「3」の世界では、悩んだり苦しんだりせず、みんなハッピー。頭も体も柔らかく、発想も自由。クリエイティブなエネルギーでいっぱいなところなの。

「3」をひと言で表すと「無邪気な子ども」。頭が柔らかくて想像力が豊か。好奇心旺盛で、いつも自由。落ち込んだり腐ったりせず、存在の軸がハッピーなの。子どもって、嫌なことがあっても、早く元気になって、「ハッピー軸」を取り戻そうとするわよね。ポジティブで、おもしろかったら大声で笑い、シケた顔をしているのが嫌い。軽く明るいキャラは、暗くなりがちな世の中の救世主なの。

子どもは外を自由に駆けまわるけど、「3」も同じ。束縛されるのが大

「3」の問いかけ

## 「これ、どうしたらもっと楽しくなる?」

「3」のマントラ

## 「人生は大きな遊び場」

嫌いだし、窮屈な環境も苦手。大人になっても、子ども心を持ち続ける、永遠の少年少女なの。外見がおじいさん、おばあさんでも、マインドが若いから、年をとらない人みたい。「3」の頭の中は、思いつきが、無造作に投げ込まれているおもちゃ箱。奇想天外な発想や、斬新なアイデアは全部そこから来るのね。おもちゃ箱から「お宝発掘」するのは、「3」のライフワークでもあるわ。

苦手なのは「不穏な空気と争いごと」。ものごとのいい面と悪い面のうち、いい方ばかりに目がいくのは、「3」の特徴。光と闇はひとしく存在してるけど、光だけ見ていたいの。とってもポジティブ思考な「3」だけど、ここはちょっと注意が必要ね。ネガティブな体験や感情を、すぐに忘れたり、ないことにしちゃったりする癖があるから。嫌な空気も時々は受け入れて。楽しく幸せな人生にも、マイナス要素は、必ず含まれているものだから。

# 3と愛「いっしょにいて楽しい、が絶対よ」

あなたは、楽しむことが大好きで、どんなときにも、笑っていたい人。大変なことも、面倒なこともイヤ。退屈なんて、ありえない。人生は楽しむものなのよね。重い空気を抱える人が多い中、あなたの存在はとっても貴重。パートナーとも、笑顔で過ごす、というのが何よりも大事なんじゃないかしら?

二人で楽しく過ごすのがあなたの愛。はたから見ると、恋人というよりは、仲良しの友だち同士だけど、そこがいいのよね。ロマンティックに見つめ合わなくても、ドレスアップしてディナーに行かなくてもいい。いっしょにいてハッピーだったら、それで満足なの。気取らず、格好つけず、みせびらかせない。ただ、二人で仲良くしたいだけ。

とにかく前向きで、悩みもすぐ忘れちゃう。気まずい空気を翌日まで持ち越さない、というあなたの性質は、相手にとってとても大きな魅力であり、救いなの。意地を張らず、気分をさっさと切り替えられるから、いっしょにいるのが楽。根に持たない性格って、最高ね。

ただ、そんなあなたも、落ち込んだり、悩んだりすることもあるわよね。あたりまえよね、人間だもの。そんなとき、ちゃんと受け止めてくれるっていうのが、パートナーの条件かしら。あなたは、明るい顔してなきゃ、とがんばりがちだけど、泣きたいときには泣ける相手。大丈夫? と、自然な思いやりを示せる人ね。

束縛されるのが苦手なあなたは、お互い自由でいられる関係、というのも大事なポイント。ただ、それを求め過ぎると、関係が長く続かないことも。大切な人と出会ったら、自由気ままな生活は少しお休み。あなたらしさを失わず、おつきあいを優先させて。

**恋愛の傾向**

ロマンティックより仲良しの友だち、
多少のわがままは許してほしい、
楽しく、明るく、ケンカせず

# 3と仕事

## 「自由な発想をいかせる環境を選んで」

前向きで明るく、サポート上手なあなたは、最高のチームプレイヤー。まわりへの気配りも、押しつけがましさがなくとっても自然。チームのムードメーカー的存在で、あなたがくるだけで場の空気が一転し、停滞感も消滅しちゃう。協力し合ってする作業を楽しめるので、チームで動くのがおすすめよ。ひとり作業だと退屈しちゃうかも。

あなたは頭の中に「おもちゃ箱」を持ってるの。そこには、奇想天外なもの、笑っちゃうものなど、とにかくごちゃごちゃと、いろいろ入ってるわ。これは、仕事で使わないと損。あなたのマインドはとても自由。発想を転換することで、新しいものを生み出したり、状況を改善したりできるのが、あなたの強み。発想力と創造性を大切にしてね。

子ども心を持ち続けるあなたは、子どもと関わり合う仕事もぴったり。大人になっても、少年少女。子ども目線を忘れないから、幼い彼らの気持ちがよくわかり、自然に通じ合うことができるの。自由で、クリエイティブで、遊びが大好き。こんな性質を、あなたも持っているわよね？本気で遊びすぎると、ケンカになっちゃうことも。そこもあなたのいいところだけど。

ハッピー体質のあなたのカギとなるのは笑顔。自分が幸せでいることはもちろん、人にハッピーを分けてあげるのも好き。そんなあなたには、サービス業もいいと思うわ。それ以外でも、お客さんをはじめ、関わる人を笑顔にする仕事であれば、なんでもいいの。しかめっ面で働くよりも、断然、自分らしさがいかせるわ。

**向いている働き方**

クリエイター、アーティスト、
子どもと関わる仕事、
サービス業、コミュニティでの仕事、NPO

「4」のことば

プラスとマイナスを見るマインド、
全体を見渡す観察眼、
冷静さ、公平さ、
慈しみの心、
秩序ある世界

「4」の性質

まじめな努力家、
近道を探さず、一歩一歩着実に、
頭はいつも思考でいっぱい

「4」のワード集

秩序、論理、枠組み、決まり、計画、
まじめ、勤勉、努力家、几帳面、
穏やかさ、冷静さ、落ち着き、平等、中和、
観察、瞑想、平常心

# 4の世界、4のストーリー

「4」は「3」に続く数字。「3」の世界は、人がわらわら。思いついたことを、そのときの気分でやったりやめたりしながら、みんなが好きなように、ごっちゃになっている世界ね。なんの枠組みもない、自由なところ。ただ、人が多くなると、それなりに課題も出てくるの。「3」の世界には、子どもがいっぱい遊んでる。すると、散らかるし、汚れるし、うるさいし。決まりがないから、好き放題。とっても楽しいけど、このまま放っておくと、カオスだわ……。

そこで生まれてくるのが「4」の世界。これは、秩序と決まりのある、ずっと落ち着いた世界なの。子どもは大きくなると学校へ行くわよね。学校には、先生がいて、時間割があって、授業と宿題がある。遊び時間も決まっていて、すべてがスケジュール通りに進んでいくとこ。ここで子どもたちは「人に合わせる」、「決まりを守る」、「がまんする」ということを学ぶのね。いやだからってギャーって騒いじゃダメとか、責任を持ってやりましょう、とか。

「4」の問いかけ

## 「ものごとのプラスとマイナスの両面を見られている？」

「4」のマントラ

## 「引きの目線。少し離れたところから、全体を見る」

「4」は穏やかで冷静な数字。ポジティブにもネガティブにもなりすぎず、真ん中の中立的な立場から、世界全体を静かに観察しているの。これは、ひいきをしない先生が（もしも、そんな先生がいたらだけど）、クラスの生徒みんなを平等に見ているような視線。どんなものごとにも、いい面と悪い面があるって、よく知っているのが「4」なの。だから、公平で理性的。ちょっと離れたところから、善悪の判断をせず、ありのままの世界をただ見つめてるのね。

「4」の強みは、理論的で、筋の通った考え方ができること。「テキトー」とは最も遠いキャラね。几帳面な努力家で、漫画やアニメでは、まじめキャラってバカにされることも。でもね、時間や決まりを守り、常識的で地道な努力ができる「4」から、一番恩恵を受けてるのは、まわりの人たち。だって。いい加減だったり無責任だったりする人ばっかりだったら、世の中、回っていかないでしょ。「4」は縁の下の力持ち的な存在。人知れず、みんなのことを助けてるのよ。

# 4と愛

## 「考えるより、好き、を感じて」

感情よりも理性が働くあなたは、いつもとっても落ち着いてるの。おつきあいも結婚も、まわりの空気に流されず、パートナーはよく考えて選ぶ、というのが特徴ね。ひとめぼれとか、一気に燃え上がる恋、というのはそれほどないかも。好きになった人と交際できれば、もちろんハッピー。でも、どんなときにも地に足がついていて、平常心を失わず、静かで穏やかなの。

　結婚／交際相手に関しては、あなた独自の「条件」があったりしない？　高望みというわけじゃなくて、スムーズに生活をともにするための、あなたの希望。偶然の出会いがあればいいけれど、もし、運命的な出会いにこだわりがないのなら、理想にある程度合った相手と出会えるネット婚活はあなたに向いているかも。人生計画がある場合は特におすすめね。

　あなたは、何ごともゆっくり丁寧に取り組む人だけど、恋愛も同じ。どんなことにも浮き沈みがあるように、パートナーとの関係もアップダウンがあるもの。相手を愛し、信頼しているのなら、それに一喜一憂しないこと。あなたは、考え出すと止まらないから気をつけて。いったん悩み出したら、楽しく幸せなはずの恋愛が、苦しいだけになっちゃうわ。

　あなたは、どちらかというとポーカーフェイス。感情があっても、自由に表現できないことがあるわよね？　パートナーはあなたの「ちょっと不器用なところ」をわかってくれる人がいいわ。考えすぎて苦しくなるタイプだっていうところも、理解してほしいわよね。あなたのちょっと固いアタマと思考回路をゆるめ、リラックスさせてくれる人だったら最高ね。

**恋愛の傾向**

気持ちをあまり表現しないことも、
穏やかで冷静、浮足立たず、地に足、
恋愛にも計画あり？

# 4と仕事

## 「努力は裏切らない。一歩一歩、着実にね」

あなたは几帳面でしっかり者。頼まれたことは、その通りにこなし、周囲からの信用も抜群。期日を守り、安定な仕事ぶり。特におもしろいと思わなくても、ひとつひとつ仕事をこなしていくことはイヤではなく、むしろ好きなのではないかしら？　慣れてくると、手が自然に動いて、頭は空っぽ。瞑想状態に入っていることも。

理論的で、筋の通った考え方をするあなたは、順を追って仕事をするタイプ。必要なプロセスは飛ばさない。間違えたらもとに戻る。緻密な仕事ぶりなの。そういう能力は、企画やオーガナイズの分野で発揮されるわ。全体を見渡す観察力もあなたの強み。先を見据えて立てられた計画のクオリティはとても高いはず。

奇をてらわず、システムに忠実なことに関してはナンバーワン。あなた自身は控えめだけど、その分、相手の目線に立って働けて、ニーズに応えることもできるの。コツコツと努力ができるので、資格をとるのもおすすめね。今の自分にはちょっと難しいかな？　と思うようなものにトライするといいわ。実力を過小評価するのはダメよ。

日々、経験を積みながら、地道にやっていけるのが、あなたの最大の強み。勤勉さや、真面目な努力は裏切らないって、あなたほどよく知っている人はいないんじゃないかしら？　器用ではないし、爆発的なパワーもないけれど、とにかく堅実。目標までのプロセスを一歩一歩進みながら、静かな喜びが感じられれば、その仕事はあなたに合っているということよ。

**―― 向いている働き方 ――**

建築、建設、
経理、会計士、企画、プランニング、
公務員、会社員、オーガナイザー、
弁護士、カウンセラー

## 「5」のことば

体、五感、行動、経験、
パフォーマンス、先生、
出会い、ネットワーク、
自律、バランス、ギア、変化、
現実世界

## 「5」の性質

動くことから、エネルギーを得る、
人とつながる、人をつなぐ、
悩むより、やってみる

## 「5」のワード集

自由な行動、試行錯誤、実践、演技、
実現、表現、動き、体験、感覚、活動、
エクササイズ、交流、人脈、移動、
旅、出会い、スター性、ものづくり、指導

# 5の世界、5のストーリー

「5」は「4」に続く数字。「4」が作り出したのは、秩序の世界。ここでは、決まりごとやシステムにそって、ものごとが滞りなく進むの。ちょっと窮屈ではあるけれど、混乱なく、みんなが気持ちよく暮らせる世界ね。規則もルールも、昭和な時代の生徒手帳も校則も、もとはと言えば、みんなのために作られたもの。縛るのが目的ってわけじゃないのよ。「4」は世界の土台となるもの。そこが崩れたら、世界全体が崩壊しちゃうわ。

「5」は体、行動の数字。現実世界を示す数字なの。それまで、思考やアイデアでしかなかったものに形を与えるのが「5」の役割。考えてるだけで、実践を伴わないのは、悪く言えば机上の空論。頭の中で遊んでいるアイデアでしかないものを、実際に行動を起こして実現する。頭を悩ませてできた計画を実行する。これが「5」がやってくれること。目で見え、耳で聞こえ、手で触れられるものに形作る、ものづくりの数字なの。

「5」の問いかけ

## 「適切な行動を選べている?」

「5」のマントラ

## 「まずはやってみる。考えるのはそれから」

この数字の特徴は、元気で活発だってこと。じっとしているのが苦手で、いつも何かをしていたい。家にいるより、出かけたい。暇だと自分が自分でないような気がしたり、かえって疲れちゃったり。「5」は行動する方が元気になれるの。動いても疲れず、逆にそこから、もっと多くのエネルギーが生まれてくるのね。外に出るのが好きだから、出会いもいろいろ。知り合いの数も指数関数的に増えて、自然に、広いネットワークができるのよ。

考えるよりまず行動。とりあえずやってみる。試行錯誤。「5」は、とにかく試してみる、という実践派ね。頭の中で情報として知っているだけでは飽き足らず、実際に見てみたい！　行ってみたい！　食べてみたい！　万事がそんな感じなので、人生はいつも忙しく、だらだらしている暇もないの。考えててもしょうがないでしょ。と迷わず動ける「5」は、ほかの数字たちの羨望の的。だって、やっぱり羨ましいわよね。ためらわずに行動を起こせるって。

# 5と愛

## 「生活そのものをともに楽しめる人がいいわ」

家にいてもつまらない。じっとしているのは苦手。することがないと、落ち着かない。あなたにとって、倦怠と退屈は人生の大敵。暇な時間が続くと、気分まで落ち込み、自分が消えてしまうよう……。あなたは外交的な人。家では出会いはないけれど、外に出ればチャンスもたくさん。出会いの多い人でもあるの。

あなたは、スター性があって目立つ人。行動力も抜群だから、恋愛面でもそれをいかすべし。好きになったら、待っていないで、あなたの方から声をかけて。なにごとも行動あるのみ。悩んでいてもしかたないって、あなたはよく知っているはずよ。失敗しても、それもいい経験。ためらわずに飛び込んでいけるのが、あなたらしさ。恋愛でもそれは同じよ。

広いネットワークを持つあなたは、合コンやパーティーなどの誘いもたくさん。出会いにはこと欠かないけど、ひとりの人にコミットできないのが悩みの種。あの人もこの人もすてき、と目移りしちゃうの。若いうちはそんな傾向が強くて、恋多き人、と思われることも。結婚は焦らずゆっくり。おつきあいしながら、生活をともに楽しめる人を探すといいわ。

束縛しようとする人とはつきあわない。これはあなたの恋愛ルールの第一条よ！　箱（家）に閉じ込めるのではなく、自由に生きるあなたを丸ごと認め、愛する人じゃないと長続きしません。最低限のルールを守りながら、お互い好きなように生活を楽しむ、というスタイルが一番。自由でいるあなたに魅力を感じるような人だと、相性もばっちりね。

**恋愛の傾向**

行動の自由を愛し、
知人友人が多く、
出会いの機会もたくさん

# 5と仕事

## 「行動力を最大限にいかして」

あなたは行動力が抜群。効率よくものごとを進め、仕事のスピードも早いの。あなたが動くだけで滞っていた仕事が一気に片づき、状況が大きく変わる、ということも。悩むのはあとでいいから、まずはやってみましょう、というのが基本のスタンス。100回のミーティングより、1つの行動。座って考えていても何も起こらないって、あなたはよく知ってるの。

チームで働くのがあなたにはぴったり。停滞気味の人の背中を押して、チームに勢いをつけるのもあなたの役目。アイデアを形にするのが得意だから、ものづくりの仕事もいいわ。企画さえあれば、それを実現するパワーは誰にも負けないの。アイデアを形にする方法がわからない……と悩む人を助けられるのは、あなたしかいないわ。

ネットワーク作りも得意分野。コラボをしたり、プロジェクトに携わったりしながら、人脈を広げて。人と人をつなげるのもあなたの強み。こういう人知らない？　と聞かれたら、即座に「知ってるわ」と答えられるぐらい、広いつながりを目指して。あなたは、縛られることを嫌う自由人。社員生活が窮屈ならば、独立してフリーになるという手もありよ。

実践重視のあなたは、経験が豊富。教えるためのマテリアルをたくさん持っているので、先生業もおすすめよ。教科書通りに理論を説くのではなく、経験から得た知識をもとに教えてみて。リアリティもばっちりよ。何かを学ぶときは、いずれそれを人に教える、という心構えでいるようにしてね。

表現力とスター性に恵まれたあなたは、人前に立つ仕事もおすすめ。自然に演じたり、パフォーマンスしたりできるから、チャンスが巡ってきたらチャレンジしてみて。

**向いている働き方**

セールス、政治家、ものづくり、
芸能関係、スポーツ選手、フリーランス、
人と人をつなぐ仕事、ネットワークビジネス、
先生、講師、転勤、出張、移動の多い仕事

**「6」のことば**

心、感情、気持ち、思い、
家族、ホーム／家、
癒し／ヒーリング、
祈り、アート、美

**「6」の性質**

豊かな感情、鋭い感性、
好きがないと始まらない、
心が動かない日々は、退屈の極み

**「6」のワード集**

感性、感じる、感動、繊細さ、傷つき、
決意、コミットメント、決心、
美容、ファッション、芸術、
アート、ダンス、自然

# 6の世界、6のストーリー

「6」は「5」に続く数字。「5」はこの世、つまり、現実の世界。頭の中の概念やアイデアを五感でとらえ、形のあるものに作り変えるところなの。この世界の掟は「考えていないでやってみる」。だから、ここではみんな忙しい。「5」の掟にしたがって、あちこちに出かけていって、見たり、聞いたり、触れたりしながら、世界を味わっているから。バーチャルだと一瞬でできるけど、あえてそうせず、実体験を求めるのが「5」の美学なのね。

多忙な生活が続くと休みたくなってくるけど、そこで登場するのが「6」。これは心を表す数字。「5」で体と動きを十分感じ取ったあと、生まれてくるのは心の世界。これは家や家族の数字でもあるわ。心地いい家や温かい家族のもとでは、心がゆるんでまったりするでしょ？　これまで散々出歩いたから、そろそろ家に帰って落ち着いて。心の内にも目を向けてね。というのが「6」の持つ世界観なの。

「6」は繊細で感情豊か。独特の感性と美意識があって、そのすべて

「6」の問いかけ

# 「心を開けているかしら?」

「6 」のマントラ

# 「心が繊細なのは、とてもいいことなの」

が心の動きと連動してるの。目には見えないけれど、心の空間で、生まれては消えていく色とりどりの感情や思いは、はっきりとした「実感」をともなって体感されるもの。足をくじいたときに痛いように、心が傷つくと、胸の奥に痛みを感じる。心が揺れると、自分もいっしょに揺れる。泣いたり、笑ったり、悲しんだり、喜んだりと、つねに心が忙しいのが「6」というもの。逆に、心の動かない日々は、退屈の極みなの。

優しく穏やか。どこかおっとり。癒しの雰囲気を持っていて、いるだけで周囲を心地よい場所にできるわ。激しさとは真逆のイメージだけれど、「6」は、実は、はかりしれないパワーを秘めているの。その力を解放するカギは、決意。行動力も闘争心も普段はそれほど強くない。だけど、ひとたび心のエネルギーを集中させると、そこから爆発的なパワーが生まれるわ。それこそ、世界の果てまで飛んでいけるぐらいの巨大な力が。

心の持つ、パワフルかつ善良なエネルギーを引き出すためにできること。それは「祈り」。「6」にとって、心を開くことがすべてのはじまりだけど、そのための心の動きが最も純化されるのは、祈るとき。自分の思い。自分の願い。自分の気持ち。それをどこへというのではなく、どこかへと届くよう、送り出してみて。

# 6と愛

## 「心から好き。それだけでいいの」

考えるより感じる。理性より感情。そんなあなたは、心のエネルギーがとても強い人。いろいろな感情を持っていて、心の色彩が豊かなの。日々変わる気持ちを素直に感じ取りながら、たくさんの思いを胸にたたえるあなた。どんな人とおつきあいしたいか？　答えはシンプル。好きになった人と、いっしょにいたい。それだけなの。

　心に正直でウソがつけないあなたは、気持ちがすべて。そこには、打算も悪知恵もなく、純粋な思いがあるだけ。理想のパートナーをイメージしたり、結婚の時期を思い描いたりするけれど、それは夢を見ているようなもの。現実のあなたは、本当に好きな人でないと、デートだけでもイヤなのでは？

　そろそろ結婚したいから、と無理やりおつきあいするなんて、完全にナンセンスだけど、誰かを好きになったら、そこからは一直線。多少の障害にはまったく動じない。行動力があるわけではないけれど、愛のためなら何でもできるの。普段はまったりなのに、恋に燃えるといきなり変貌するから、まわりもびっくりかも。

　最高のパートナーは、あなたの愛を受け止められる人。そして、同じだけの愛を送り返してくれる人。「相思相愛」の関係につきるわ。癒しのエネルギーを持つ家族思いのあなたは、家を心地よい場所にできる人。仕事もいいけど、家庭を切り盛りしながらのステイホーム生活も幸せ。あなたといっしょに家庭を作りたい、と望むパートナーなら間違いないわ。

**恋愛の傾向**

わたしの愛を受け止めて、
繊細な心と感情に寄り添って、
わたしはあなたの心がほしいの

# 6と仕事

## 「仕事への好きと決意。愛があれば最高」

あなたは心配りと優しさの人。気が進まなくてもイヤな顔をせず引き受けるので、周囲にとってはありがたい存在よ。感謝されたり、喜ばれたりすると、やる気が増して、もっとがんばっちゃう。ありがとう、と言われるだけで、疲れもどこかへ飛んでいくのよね。場の空気を柔らげる温かい雰囲気も、人を心地よい気分にさせるわ。

人の役に立ちたいという気持ちが、仕事へのモチベーション。機械的な作業の繰り返しより、人と関わり合う仕事を選んで。喜びも大きいし、あなたらしさもいかせるわ。細かいところまで意識が行き届き、丁寧で心のこもった仕事ぶりで、あなたを嫌う人はいないはず。心地よい空間を提供できるのも、あなたの強みね。

わたしはここで絶対に働くの、という強い決意があれば、どんな仕事もできるわ。ただ、心が定まらず、迷いがあるときは注意して。緊張感が強い現場や、競争が激しいところでは、気持ちがついていかないことも。十分にコミットできずに、ストレスや重圧の強い仕事を続けていると心がつぶれちゃう。あなたを動かす原動力は、心の思いや、相手への信頼感だってことを忘れないで。

穏やかで優しい空気をまとうあなたは、癒しのエネルギーが強い人。あなたがいるだけで落ち着く人も多いわ。癒しやヒーリングの仕事はあなたにぴったり。マッサージ、セラピー、カウンセリングなど、あなたらしくいられるツールを探してみて。それが自然にあなたの仕事になるから。「好きなことを気持ちを込めて」というのがカギ。あなたに大切なのは、仕事への愛と決意なの。

**向いている働き方**

接客、サービス業、セラピスト、ヒーラー、
家関係の仕事、聖職、アート系、
自然に触れる仕事、
ファッション、美容、医療系

## 「7」のことば

オーラ、電磁場(Electric magnetic field)、
境界線、
声、コミュニケーション
伝える、メッセージ 、内省、許し、

## 「7」の性質

内向きと外向きのエネルギー、
発話と沈黙、内省と発信、
仕組みとからくりへの関心

## 「7」のワード集

話す、書く、歌う、メディア、
ウォリアー(戦士)、隠遁者、
リトリート、秘密、風水 、ひとりの時間、
エンジニア、コレクション 、陰ヨガ、
共感、安心、他者との距離感

# 7の世界、7のストーリー

「7」は「6」に続く数字。「6」は心の世界。そこは気持ちを感じ、感情を味わい、思いをよせるハートのエネルギーでいっぱいの世界。目には見えなくても、実感としてある……。でも、気をつけていないと、忘れてしまう……。心はそんな不思議な存在。意識的に向き合ってみると、びっくり。そこには、永遠に続いていくような、終わりのない、巨大なスペースが広がっているから。

そんな心のスペースに生まれたものを、外の世界に伝える数字が「7」。言葉はもちろん、自分を取り巻く空間も使って、たくみにメッセージを伝えるの。心の声に耳をすますと、いろいろ聞こえてくることがあるはずよ。だから、つねに自分の心の状態に気づいていてほしいわ。「7」の心は、思い、言葉、メッセージや主張などが渦巻いている、ちょっとしたカオス。クローゼットの中を片づけるように、心のスペースを整理整頓しておいて。そこに交錯するものが多くても、混乱しないでいられるように。

「7」の問いかけ

# 「わたしは何を伝えたいのかしら」

「7」のマントラ

# 「心の内を、言葉と空間を通して伝える」

「7」はオーラをまとう人。オーラには神秘的なイメージがあるけれど、これは、心臓が実際に発しているエネルギー。心臓から3メートルほど広がっていて、特別な機械を使えば、測定も可能よ。「7」は、すその大きく広がった透明のドレスを着ているように、オーラを身にまとっているの。見えないドレスのすそを踏まれたり、汚されたりしないよう、つねに気を使っているので、やや神経質なところもあるわ。

ひとりの時間は「7」には必須。大きく広がるオーラを持っていて、外界からのエネルギーの影響を受けやすいのが特徴のひとつ。四六時中、外からの「気」を感じとっているから、定期的に「外のもの」を遮断して、自分を見つめる「意識的な引きこもり」が必要なの。ひとりの時間は、寂しいことでも、身勝手な行いでもなく、世界で安心して生きるため、ウソのない心の声を発信するために大切なこと。整った心と安心感があるからこそ、人の心に届くメッセージが生まれてくるの。

# 7と愛

## 「打ち明け話ができる人を探してね」

あなたは、人との境界線をはっきりさせておきたい人。周囲の気を感じ取ったり、影響を受けたりしやすいので、ガードが固くなることも。あなたという個人の領域に、誰を招き入れ、誰を入れないかは大きな問題。だから、はじめのうちは慎重なの。好きは好き。でも、この人と時間や空間を共有しても大丈夫なのかしら？　と心配になるのよね。

　カギとなるのは安心感。安心しているときのあなたは、心が開き、感情も安定するわ。あなたが発する空気はまわりへ自然に広がり、いいエネルギーが伝染するように伝わるの。ただ、悩みや不安が強いと、今度は逆の現象が起きるの。暗く重い気が伝わって、その場の気が「どーん」と下がる。よくも悪くも、あなたの気持ちは、外へと伝わりやすいのね。

　相手のことが気になったら、ストレートな対話を心がけて。つきあう人の心の内は、まるごと知りたいあなた。気持ちを勘ぐるのではなく、素直に話すこと。隠しごとをしすぎないでね。あなたはちょっと秘密主義。少しずつ「まだ話していなかった」ことをシェアしながら、あなたを知ってもらう。こんなスタイルが、しっくりくるんじゃないかしら？

　スペースや時間を尊重しあうことも大事。あなたは、自分の時間が必要な人。心の浄化とリセットのために、物理的にひとりになる時間を取るようにして。それなしでは、自分を見失ってしまうから。親しい仲にも礼儀あり。これ以上踏み込まないで、という領域は、あなたの「聖域」。こういうところを理解できる人だと、心地よい関係が築けるはずよ。

**恋愛の傾向**

ひとりの時間と空間が必要で、
ちょっと秘密主義、
自分の内面はゆっくり出していくの

# 7と仕事

## 「伝える仕事。広める仕事。あなたの声をいかして」

あなたはメッセンジャー。何を伝えるべきかをつねに考えている思索と内省の人。言葉は、自分を深く知るツールであり、自分を守ってくれるもの。時には武器ともなるもの。だから、適当なことは言わないし、うそもつかない。いつでも本物の言葉を発していたい。こんな気持ちで、内なる声を探しながら、伝えるべきメッセージを探してるの。

そんなあなたに向いているのは、伝える仕事。ものごとをすみずみまで理解しようとする姿勢と、飽くなき探究心を持つあなた。表面的な知識では満足できないからこそ、発する言葉にも説得力があるの。あなたが大切に思っていることは、意識せずとも、自然にまわりへ伝わるわ。メッセージの込められた発言は、人の心へと訴えかけるの。

メディア関係、著作業、SNSを使う業務。PRやマーケティングでも、あなたの強みを発揮できるわ。あなたの顔の前には、無色透明のメガホンが置いてあって（へんなたとえだけど）、大きい声を出さなくても、音が勝手に世界に向かって広がっていくの。だからこそ、何を伝えたいのかを自分でよく知っておくのも大事。偽りの言葉も、同じように拡散しちゃうから。

ひとり静かに作業する仕事もいいけれど、そこでの発見は、必ず外の世界へと発信するようにしてね。カギとなるのは対話とコミュニケーション。あなたは、内向きの探求と、外向きの発信の両方が必要だってことを忘れないで。どちらかだけではもったいないの。あなたが言いたいことは、相手が聞くべきこと。ためらっちゃダメよ。

**向いている働き方**

メディア、広告、マーケティング、ブロガー、著者、ライター、エンジニア、セキュリティ、話す仕事、警察官、コミュニケーター

## 「8」のことば

プラーナ/生命力、エネルギー、
パワー、呼吸、父(性)、男性エネルギー、
社長、ボス、お金、ビジネス、
命令、コントロール、実行力

## 「8」の性質

お願い、依頼より要求と命令、
恐れない、怖がらない、
ためらわない、あきらめない、
人を動かし、自分も動く

## 「8」のワード集

CEO、起業家、投資家、権力、
司令塔、エンジン、責任、闘争心、競争、
情熱、火山、噴火、暴力、攻撃的、負けず嫌い、
免疫、衛気、中毒

# 8の世界、8のストーリー

「8」は「7」に続く数字。「7」は心の声とメッセージの世界。そこではうちへ向いた内省と、外へ向いた発信が交互に行われているの。「7」は、メッセージの担い手であり、コミュニケーションの達人。そのエネルギーの源は、心にあるわ。そこから一気に、外へと向かって開かれていくのが「8」。静けさの漂う「7」とは異なり、生命力と、燃えるようなエネルギーにあふれる世界よ。

「8」はプラーナの数字。プラーナは、生命力のこと。わたしたちが生きていくための、もっとも、根源的なエネルギーね。「6」と「7」では、数字の性質は、内を向いていたけれど、「8」は完全に外向き。目標を定め、ゴールめがけて突っ走る、実行と達成の数字なの。「8」の特徴は、バイタリティにあふれていること。無尽蔵なエネルギーがあって、使っても使っても、再生産されること。体力が尽きたところからが本領発揮。そこから、自分でさえも驚くぐらい、がんばりがきくの。体内にカフェイン製造機が内蔵されているように、パワーの持続力がすごいのよ。

「8」の問いかけ

## 「エネルギーを正しく使えているかしら?」

「8」のマントラ

## 「なせばなる。やればできる」

「エネルギーをどう使うか」は「8」への本質的な問いかけ。何よりも大事なのは、目的とゴール、情熱と責任感。わたしはこれをやるの！絶対に！という強いパッションが不可欠で、これさえあれば、目の前にニンジンをぶら下げられたお馬のように、ひたすら駆けていけるのよね。寝なくても、休まなくても、食べなくてもいい。疲れても、まだ動ける。多少の失敗ではめげず、強いメンタルを保ちながら、ゴールに達するまでパワー全開。

目標やパッションがないときは、ちょっと危険。エネルギーを持て余すし、退屈だし、達成感はないし、アドレナリンも全然出ない。人生の意味も見失い、怒りがふつふつと沸いてきて、爆発しちゃう、ということも。ただ、それは避けたい事態。「8」の良質なパワーと実行力は、社会で必要とされているもの。あなたの力が喉から手が出るほどほしい、というところはたくさんあるの。自分の「有効活用法」を学ぶのも、実は「8」の課題なのよね。

# 8と愛

## 「押しの一手。ためらうことなく誘うべし」

あなたは、ほしいものは手に入れる人。いいなと感じた瞬間に、自分のものにしようと動き始めるの。自分の欲求に正直で、隠したり、装ったりするのは嫌い。だから、好きになった人へのアプローチもとにかく直球。恋愛ゲームを楽しむのではなく、猛アタックして関係を成立させちゃうの。相手がびっくりすることもあるけど、それがあなたのスタイルなのよ。

根気のよさと不屈の精神を兼ね備え、仕事も学びもゴールに向かって一直線。多少の困難にはめげず、失敗しても何度でもチャレンジ。あなたのそういう姿勢は、恋愛でも変わらず。1度や2度断られてもあきらめない！　あの手この手を使って、何度でも誘っちゃう。「仕方ないの、好きだから」と。ノーと言わせない、ちょっと強引なところもあなたの魅力。それが相手の心に響くことも。

あなたは責任感が強くて男前（女性でも）。パートナーとの関係でも、あなたの方が強いことも多いわ。相手に「こうしなさい」と指図したり、「がんばれ」と背中を押したり。頼るより、頼られることが多いのね。女性であるあなたが結婚し、家族を持つときも同じ。期待されるのは、家族全員を養い、責任を持って養育する「お父さん」な役割。男性の場合だと「元祖、昭和なちょっと怖いお父さん」ね。

あなたにとって楽なパートナーは「リラックスできる人」。上昇志向で自分に厳しく、つねに努力を続けるあなたにとって、人生は戦いの場。パートナーも同じように、人生を駆け抜けるタイプだったら、どこかで衝突してしまうことも。でも、ペースをゆるめ、のんびり過ごす時間の大切さを教えてくれる人なら、あなたに「戻るべき場所」ができるわ。

**恋愛の傾向**

ほしいものは手に入れる、
征服欲あり、ちょっと強引？
女性でもカッコよくて男前

## 8と仕事

# 「責任と重圧の中で実力試し。楽な仕事厳禁」

あなたは、タフでパワフル。仕事力も抜群に高いの。ゴールが定まると、わき目もふらずに走っていくし、責任感が強く、目的達成のためなら、多少の困難にはびくともしない。転んでもただでは起きず、そこから何かをつかみ取る、精神力と気合いがあなたの強み。メンタルの強靭さが、すべてを可能にするの。あなたってスーパーウーマン／マンなのよ。

熱意があって、プレッシャーがかかるほどメラメラと燃えてくるから、朝9時から夕方5時まで週5日勤務、残業はありません、みたいな仕事だと退屈しちゃう。ハイリスクハイリターンの方がやる気も100倍アップ。絶対に成果を出す！　とスイッチが入るの。昭和な時代に「24時間戦えますか」っていうキャッチコピーがあったけど、それを地でいくのがあなた。仕事は戦いの場でもあるの。

周囲もあなたのエネルギーや実行力に気づいているから、ボス役を任せられることも多いはず。それもズバリ「業績をあげる」目的で。人を動かすのが得意で、部下にも臆せず指図するけど、意地悪ではなく、みんなへの大きな思いやりを持ってるの。厳しくても、信頼のおけるボス。そして何より男前なの、あなたが女性でも。

向いていないのは楽な仕事。毒にも薬にもならないような仕事は、避けるべし。へっぽこボスの下で働く、というのも難しいわ。あなたの方がボスになっちゃうから。人の上に立つ仕事を選んで。やりがいを感じるのなら、会社員もいいわ。でも、あなたの実力がもっとも発揮されるのは、全責任を負って取り組むとき。こんな状況で、あなたのパワーが最大限まで高まるの。

**向いている働き方**

社長、CEO、ボス、マネージャー、
起業、金融、お金のマネジメント、
コーチング、長時間労働

「9」のことば

終わり、死、
習得、研さん、マスター、
知識、知恵、学び、聡明さ、
直観、執着と手放し

「9」の性質

すべてを知りたい、
さっぱり、ときどき冷淡、
頭でっかち、脳が多忙

「9」のワード集

最後、区切り、完結、
知的好奇心、情報、学習、アドバイス、
専門家、プロフェッショナル、
スペシャリスト、
長老、仙人

# 9の世界、9のストーリー

「9」は「8」に続いて出てきた数字。「8」のミッションは、目標達成のために日夜働き、成果を出すこと。パワフルな外向きのエネルギーが特徴で、自分にも他人にも負けまいと、強いメンタルとパッションを持ちながら、猛烈な勢いで人生を進んでいくの。そこから得るのは、大きな達成感と報酬。受け取るものはお金だけとは限らず、人脈や知識、経験や地位ということもあるわ。何にせよ、自分の働きから必ず何かを得る、というのが「8」なの。

「9」の世界はそれより、ずっと落ち着いているの。「9」は終わり、完結、死を示す静かな数字。何かを得るためにがんばるフェーズは、もう過去のこと。実をつけ、収穫された後のりんごの木は、葉を落とし、みずみずしさを失って、枝と幹だけになるわ。そうして翌年、再び実をつけるための準備をするの。「9」はそんな世界観を持つ数字。すべてがそぎ落とされ、何もかも知り尽くしたような雰囲気を持っているの。

「9」は知恵の数字でもあるわ。これまで、マインド（「1」、「2」、

「9」の問いかけ

## 「わたしは何を知っている?」

「9」のマントラ

## 「すべてを知ってから、学びが始まる」

「3」、「4」)、体(「5」)、心(「6」、「7」)、プラーナ／生命エネルギー(「8」)を経てきた数字は、「9」でマインドに戻るの。「9」の形は、頭でっかちだけれど、これは聡明さと賢さ、知性を表しているのね。知的好奇心が強く、知を愛するのがこの数字の特質。徹底的に学び、習得し、その道の達人となるの。ひとり静かに調べものをしたり、本を読んだりするのが至福の時間。その穏やかな姿は、山の上から下界を見降ろしている仙人のようよ。

スピリチュアルの世界に近い数字でもあるわ。「9」は物質的なものへの興味は薄く、精神世界に強く惹かれるの。孤高の人にも見えるけれど、もの知りで直観の鋭い「9」は、優れた助言者でもあるわ。自分だけが知っている大切な情報を、周囲におしげなく与えられるの。長年かけて身につけた知識も、最終的には手放すもの。出し惜しみすることなく、必要としている人に、助言という形で分け与えるのね。

# 9と愛

## 「愛情表現は〝やりすぎ〟くらいでね」

あなたは、頭脳明晰な人。知的好奇心が旺盛で、調べたり、学んだりするのが大好き。本質を見抜く洞察力にすぐれ、どこか「孤高の人」的な雰囲気も持っているの。頭は休むことなく働いていて、マインドは多忙。心より頭にいくエネルギーが、圧倒的に多いのよね。だから、好きになる人も、気持ちを心で感じるより、頭の中で分析しちゃう。愛してるって何だろう？　と、哲学的考察をしてみたり。

人の本質を瞬時に見抜ける直観力と、直観力を補い、サポートする思考力。この両方を兼ね備えているあなたは、恋愛に夢中になって、ロマンチックに溺れることこそないけれど、頭の中では「好き」だとちゃんと、わかっているの。自分の気持ちにうそをつくことなく、落ち着いた関係を築けるわ。

ただ、感情表現はあまり得意ではないかも。気持ちがあっても、それが相手に伝わる感情として出てこないことがよくあるの。もともと、さっぱりしたこだわらない性格だから、それが行きすぎると冷淡にも見えちゃう。このあたりは自覚してね。たとえ、違和感があっても、気持ちを伝える努力は必要。そこのところは、がんばって。

本音を言う、ということも大事。さっぱりとした、穏やかな関係の中でも、意識的なコミュニケーションと対話は忘れずに。あなたは、思考スピードの速い人。自分でわかっていても、相手に伝わっていなかったり、誤解やすれ違いがある場合もあるわ。自分でも気づかずにひとりの世界に入るくせがあるので、こちらも自覚をお願いね。他者を面倒だと思わずに、心の扉はいつも開いておいて。

**恋愛の傾向**

頭ではよくわかっているけど、
ひとり、孤高の人になることも、
心を開き、気持ちを感じて

# 9と仕事

## 「あなたの軸となる専門分野を持って」

あなたは、頭の回転の早い聡明な人。物わかりがよく、察する力に優れているので、話の途中に結論までわかってしまう、なんてことも。直感が鋭く、状況を見通す力は抜群。すべきことを瞬時に見とったり、問題の原因をピンポイントで見抜くことができたりと、あなたがいるとものごとが進むのが早いの。職場にいると、とってもありがたい人なのよ。

どこかノーブルな雰囲気があり、落ち着いていて穏やか。そして何より、向学心と学習意欲にあふれていて、ありとあらゆることを知っているの。頭の中は情報の宝庫で、何を聞いても、大抵のことは知っているし、知らなかったらその場で即リサーチ。こうして、日々自己研さんをつんでいるあなたは、何を聞いても答えてくれる、すごい先生みたいな存在よ。

知識と情報を持ち、直感力と状況を読む力に優れているあなたに向いているのは、会社やチームに助言をするアドバイザー。みんなが知らないことに関して、情報提供するのがあなたの役目。あなたの知恵と洞察をもとにまわりが動く、というスタイルだと、仕事も効率よく進んでいくはず。

あなたに向いているのは、ゼネラリストよりスペシャリスト。得意分野の学びを深め、誰にも負けない専門知識を身につけることをおすすめするわ。知的好奇心が強く、興味の幅も広いけれど、あえてひとつを選び、徹底的に学び尽くして。専門分野を持つことが、あなたの絶対的な強みになるわ。

死というものを、ごく自然に受け入れられるのも、あなたの特別なところ。病院そのほかの、死が身近にあるような環境でも無理なく働けるはずよ。

**向いている働き方**

コンサルタント、アドバイザー、
研究者、専門職、大学教授、
死が身近にある仕事（戦場、病院、墓など）

**「10」のことば**

魂の輝き、可能性の開花、
リーダー、勇気、自信、100%、
母、母性、女性エネルギー、
キング&クイーン

**「10」の性質**

やるかやらないか、
わたしが行くと、みんながついてくる、
わたし→わたしたち／I →We

**「10」のワード集**

リーダーシップ、導き、
明確さ、輝き、ダイヤモンド、カリスマ、
パイオニア、存在感、磁力、白、
全力投球、All or Nothing、
わたしたち

# 10の世界、10のストーリー

「10」は「9」に続く数字。「9」は終わり、完結の数字で、「1」から続いてきたサイクルも、いったんここでひと区切り。それまでの学びや研さんで培われた知恵と直観、すべてを見通す賢者の視線が満ちているのが「9」の世界。執着もこだわりもなく、体も思考もエネルギーも、毎瞬間ごとに手放すところ。わたしは今確かにここにいるけれど、次の瞬間は、どうなるかわからない。そんな気づきを思い起こさせる、静かな場所なの。

その雰囲気が一転し、生まれてくるのが、華やかな「10」の世界。「1」に「0」がついて「10」になる。実は、ここに「10」という数字を読み解くヒントがあるの。「1」は、どんなものにも成長できる、大きな可能性を秘めた種。そこに「0」のエネルギーが加わると、種が芽を出し、可能性の実現へと動き出す力が生まれるの。「10」は「1」の可能性と「0」のパワー、という世界観を持った数字なのよ。

「10」は強い意思を示す数字。この道を進むと決めたら、不安や恐れが

「10」の問いかけ

## 「わたしは何を望んでいるの?」

「10」のマントラ

## 「わたしの人生は、わたしが決める」

あっても、自分を信じて、まっすぐに進んでいくの。存在感が強く、器が大きいから、何かと目立つし、注目されるわ。「すごい人」扱いされて重圧を感じることも。でも「10」は、楽な道ではなくて、行きたい道を進むのね、勇気と自信を持ちながら。「10」が憧れられるのは、そういう姿が周囲にとても、尊く見えるからなの。

母性と女性エネルギーの数字も「10」。大きくて包み込むようなエネルギーを持っているの。どんなときにも全力投球、100%で取り組むこと。望むもの、ほしいものを明確にイメージしながら、人生を進むこと。恐れを感じてもひるまず、あえて怖い方へと進むこと。そんなあなたを、まわりの人はリーダーとして慕うの。すると、頭の中からだんだん「わたし」が消えていくわ。それが「わたしたち」へ置き換わったとき、あなたは本物のリーダーになるのよ。

# 10と愛

## 「出会いたい人を思い描き、引き寄せて」

華やかな存在感を持つあなたは、周囲を包みこむようなオーラを持つ魅力的な人なの。そんなあなたをさらに輝かせるのは、自信。自分を信じ、自分の選択を信じ、自分が進む道を信じる。強い気持ちを持って、あくまでも優雅に人生を進むあなたは周囲の憧れ。異性からは「高嶺の花」と思われることも。

女性らしく、母性にあふれるあなたを慕い、ファンになる人も多いはず。親切で面倒見がいいところがあるけれど、誤解されないよう気をつけて。どんな人とつきあいたいかは、イメージしておくといいわ。あなたは、人を引きつける磁石を持っている人。前もって恋人像を思い描くことで、そういう人を引き寄せるの。

あなたは頼られる人。家庭では精神的支柱。家族全員を見守り、受け入れる、大きなお母さんの役割を期待されるわ。二人の関係でも、それは変わらず。気持ちの支えになってほしいと、寄りかかられることもあるかも。ただ、世話の焼きすぎは禁物。母性が強くても、あなたはパートナーのお母さんではないの。相手との距離感は守って。

あなたにも調子が悪いときがあるわよね。頼られるのは疲れちゃった、ひとりでいたい、ってことも。そういうときに、駄々をこねるような人はやめておいて。落ち込んでいるあなたに思いやりを示せる人。からに閉じこもるあなたを受け入れ、自然に外に出てこられるよう、愛情深く手助けできる人。パートナーは、そんな辛抱強い愛情を示せる人がいいわ。

**恋愛の傾向**

強く、温かく、華やかな存在感、
自分に「見合った」相手を選び、
頼り、頼られ、助け合う関係を

# 10と仕事

## 「自らが光となって、人を導くリーダーに」

あなたは注目される人。いるだけで人目をひくような大きなエネルギーと存在感を持っていて、自分でも戸惑ってしまうことも。でも、目立ちたくないって思わないで。人の目を避けようとすると、あなたの持つ独特のパワーも消えていっちゃうから。

カリスマ性のあるあなたにぴったりなのが、リーダーのポジション。黙っていても人がついてくる不思議な磁力と、周囲を包み込むような雰囲気があって、みんなは安心してあなたについていけるわ。リーダーなんておこがましい、って思っちゃダメ。最初はどきどきしても、慣れればいいだけ。あなたの中のリーダー魂が目覚めて、必ず楽しめるようになるわ。

リーダーの役割は、みんなが進む道を照らす光になること。小さいグループでも、大きな団体でも、やることは同じ。みなさん、こっちに行きましょうって、方向性を示せばいいの。そのために大切なのが、あなた自身がどこへ向かっていくのか、なぜそっちに行くのか、何を目指しているのかを、はっきりわかっていることよ。

目的とヴィジョン、自信と強い意思。リーダーに必要なのはこんなこと。何ができるか、というよりも、あなた自身がどう在るかが大切ね。ついてくる人への優しさと、温かいまなざしも大事。スキルもやる気もあるけれど、自分のいかし方がわからない人は、世にあふれているの。そういう人たちを導くのがあなたの仕事。どんな分野でも、これは変わらないわ。

**向いている働き方**

リーダー、
ヴィジョンを示す仕事、
プロデュース業

## 「11」のことば

スピリチュアル、自然、
大いなる流れ、宇宙、天、神、
「1」から「10」のすべてを含む

## 「11」の性質

自分は大きなものの一部であるという気づき、
自然との調和、
目に見えないものへの畏敬と敬意、

## 「11」のワード集

グル、スピリチュアルマスター、
詩人(神の声を伝える)、
ゆだねる、まかせる、運命

# 11の世界、11のストーリー

「11」は「10」に続く数字。「10」が作り出すのは、可能性の実現の世界。そこへの道は楽ではないけれど、ヴィジョンを定め、自分が向かう先を明確にイメージしながら進むのが「10」的な生き方。勇気を持って自分が選んだ道を行く姿は、みんなの憧れと尊敬の的。まわりには自然と人が引き寄せられ、もともと持っていた輝きはさらに増して、ダイヤモンドのような光を放つのよ。

その先に続いているのが「11」という数字。これは、スピリチュアル、大いなる流れ、神を示す数字なの。「11」は果てしないスペースが広がる世界。可能性が開花したその先には、すべてを包み込む巨大なエネルギーが待っているのね。言葉にするのは難しいけれど、あえて言うと、空。宇宙。そして自然。永遠に広がり続けるスペースと、そのスペース全体を支配する力。わたしたちには、想像することしかできない、大いなるもの。

スピリチュアルって何か? この問いに対する答えはいろいろ。とて

「11」の問いかけ

## 「人生の流れに乗れている?」

「11」のマントラ

## 「大いなる流れとともに」

も個人的な問題なの。物質的な世界の外にあるもの。目に見えないもの。証明できるわけではないけれど、確実に働いている力。こういう「超現実」なエネルギーとのつながり方は、人それぞれ。「わたしは、スピリチュアルとこんな風につながっている」と思ったら、それがあなたのスピリチュアルなの。

「11」には「1」から「10」までのすべての要素を含む、という性質もあるわ。宇宙や神がそうであるように、「11」は生きとし生けるものを包み込み、影響を与えているの。スピリチュアルな存在からの力は、人生の中に「恩恵」や「罰則」として表れるようなイメージがあるけど、これは人間の感じ方。神の働き、そこに優劣はないの。わたしたちはただ、いつ何時も、天からの力を与えられるってだけなの。

# 11と愛

## 「運命の赤い糸と、何よりも深いつながり」

あなたは、強い結びつきを求める人。表面的な関係では満足できないし、生活をともにするぐらいでは不十分。もっと奥深いところで、精神的な絆を手にいれたいと願うの。お互いが強く引き寄せられるような出会い、ソウルメイトとの再会といった、少し不思議な縁への憧れがあることも。独特の恋愛観の持ち主なのね。

親しくなったあとも、お互いの関係を深めようと努力するわ。おつきあいは「ゴール」ではなくて「はじまり」。普通の人と少し異なる次元で生きているあなた。自分の持っている、独特の世界観を理解してもらいたいと願いながら、関係を作っていくのではないかしら。

あなたが恋愛に求めるのは、安心と信頼、切っても切れないような強いつながり。大きなものに守られ、祝福されながら生きていくのが、あなたの幸せの源。ひとたび不安を感じると、果てしなく大きな苦しみになるけれど、幸福を感じると、今度は大きな幸福感に包まれる。パートナーとも、大きな流れに身をゆだねるように、ともに安らいでいたいの。

カジュアルな恋愛は、あなたには向かないわ。ひとり身がイヤだとか、結婚したいから、という理由でパートナーを探すというのも、おすすめしません。時間をかけて、ゆっくり関係を成熟させていくのがあなたのスタイル。恋愛の高揚感が薄れたあたりが、本当のはじまりね。

あなたのすべてに関心があり、あなたを心から知りたい、と願う人を選んで。パートナーとの間に運命の赤い糸が見えれば、それ以上の幸せはないはずよ。

**恋愛の傾向**

運命の赤い糸、
大きな流れにともに身をゆだね、
強く、深い結びつきを感じるの

わ。自分の奥にある、姿形のないエッセンス。あなたの本質であり、あなたそのものを表すエネルギー。ソウルナンバーの数字は、あなたの深いところから、放射するように外へと広がっているの。

「あなたらしさ」を示すソウルナンバー。ただ、子どものころは、数字のマイナス要素を経験する傾向があるわ。本来は、自分の「いいところ」を示す数字なのに、なぜなのかしら？　それは、ソウルナンバーが「あなたそのもの」の数字だからなの。あなたの中に、強いところと、弱いところがあるように、数字にも、プラス面とマイナス面がある。それを両方経験することで、ソウルナンバーを、すみからすみまで、まるごと知ることができるの。

あなたは、自然体でいられてる？　まわりの人のためにがんばりすぎたり、偽ったりせずに、あたりまえの自分でいられているかしら。ソウルナンバーの数字が実力を発揮するのは、ナチュラルに、肩ひじはらず、すとん、とこの世にいられているとき。自分らしくいる、というのは、自分の〝ありよう〟に、うそや隠しごとがないってこと。ソウルナンバーが自然に出ているとき、持っている長所がいかされて、もっとも魅力的なあなたの姿があらわれるの。

Soul Number!!
1

# ソウルナンバー「1」

## 「あなたの世界を見せて。そこには何があるの？」

**【個性】**あなたは、独自の世界観を持つ、個性豊かな人。あなたの中の「マイ・ワールド」は、普通の人の世界観とは異なっていて「変わっている」とか「エキセントリック」と言われることも。ただ、それはあなたへの最上のほめ言葉。みんな同じだなんて、つまらない。あなたは自分が自分らしくあることで、世の中に彩りを与える人なの。まわりに合わせたり、無理に変わろうとしないでね。あなたは、あなたのままでいるのがいいの。そのまま個性を育てていって。

**【世界】**「上ではなく下へ伸びる」。あなたの世界の特徴は、地下へもぐるように広がっていること。大木が大地の奥深くまで根をはりめぐらせるように、内側の、深いところへ広がり続ける独自の世界。そこにいるのはあなただけ。他には誰もいないのよ。でも、寂しくなんてないの。そこはあなたの創作の場であ

**ソウルナンバー「1」を読み解くキーワード**

独自の世界、マイ・ワールド、
エキセントリック、独創性、個性、
ひとり遊び、自分探しと自分研究、
自立、他者との関わり

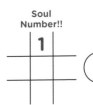

り、完全な安全地帯。心ゆくまでひとり遊びができる、特別なところ。誰もいなくても大丈夫なの。

**【探求】**心地のよい「わたしの世界」にいるとき、あなたは、外の世界や他人の存在に気づかない。自分の内に広がる世界にどっぷり浸りながら、自分研究に余念がないのね。「わたしには何ができる?」、「わたしの内には何がある?」と、視線は内側へ向き、好奇心を持って自分を観察しているの。自分が何者かを自問し、アイデンティティを探りながら、人生の道を進んでいくの、他人に惑わされることなく、あくまでもマイペースで。

**【関わり】**「わたしの世界」に誰かが入り込んでくるとイライラすることも。「なんで来るの?」と思っちゃう。ただ、こんな経験を繰り返しながら、あなたは他者との関わりを学ぶのね。それが侵入者じゃなくて仲間だってこと。ひとりもいいけど、みんなといるのも悪くないってこと。困ったらひとりで悩んでいないで、助けてもらっていいことも。孤独でいなくてもいいし、まわりの人と関わり合いながら、自分の道を行くのも楽しいってわかってくるの。

**相性の良いナンバー**

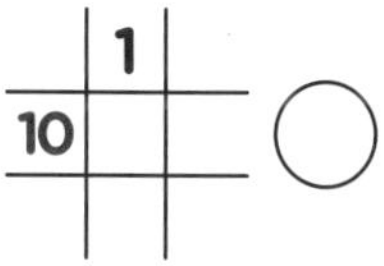


ソウル「1」の可能性を実現させるのがコア「10」。育てた種を花開かせるイメージ。

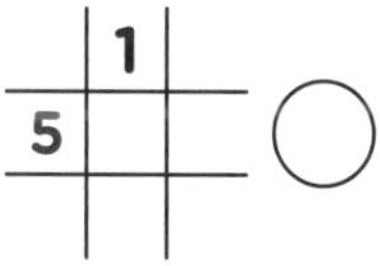


ソウル「1」の「ひとり」とコア「5」の「みんな」の両方がありバランスがいいわ。

**要注意なナンバー**

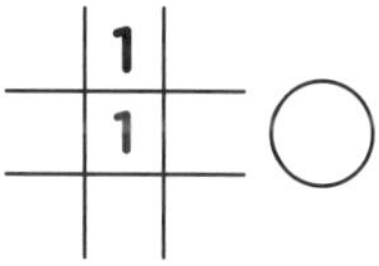


ひとりのエネルギーが強いので、自分の殻に閉じこもらないように注意してね。

Soul Number!!
2
○

# ソウルナンバー「2」
## 「自分をしっかり持ちながら、大切な存在とつながって」

【結びつき】あなたは、つながりの人。求めているのは、ゆるいつながりではなくて、あなたと相手の間の境界線が消滅するような、相手に自分を完全に差し出すような、そんな強い結びつき。ひとりでいると落ち着かなかったり、人恋しかったりする？　ソウルメイトに憧れる？　心から大切に思う人はいる？　何かと強くつながっている？　こんな風に、自分に問いかけてみて。これは、あなたが自分自身について知るための、本質的な問いかけなの。

【気づく力】うわついた空気や、場の流れに惑わされず、注意すべきことには、きちっと気づけるのがあなたの強み。たとえば、明日のランチは外でピクニックをしよう！　とみんなが盛り上がっていても、万が一の雨に備えて、レストランを探しておくような慎重さがあるのね。楽しい雰囲気に水をさしている、って感じることもあるけれど、あなたの持つリスクを見極める能力は、世

**ソウルナンバー「2」を読み解くキーワード**

強いつながり、ソウルメイト、
慎重さ、注意深さ、ボスの右腕、
サブリーダー、気づかい上手、
世話上手、精神的な独立

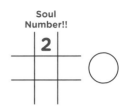

に必要とされるもの。長所として大切にして。

**【役割】**ちょっとだけ不安体質で、ものごとのプラス面よりマイナス面を見がちなあなた。自分でもしんどいって思うこともあるわよね。でも、だからこそあなたは、問題に気づき、先回りしてまわりを助けられる。後々必要になりそうなことも、早い段階で見通せるので、かゆい所に手が届くようなサポートができるの。あなたに向いているのは、信頼のおけるボスの右腕となること。2番手、サブリーダーとして、必ず重宝されるわ。

**【注意】**気づかい上手で世話上手。パートナーも友人も、あなたといると心地よくて「大事にされてる」って感じるはず。ただあなたは、自分の一部を差し出すように、献身的に相手に尽くすから、自分のことは後回し。このあたりは注意すべきポイントなの。あたりまえのように人のために働くあなただけど、がんばりすぎには気をつけて。まずは自分、それから人、という順番を忘れないで。これは最終的に、あなたが誰にも頼らず、自分で立っているための軸となるから。

**相性の良いナンバー**

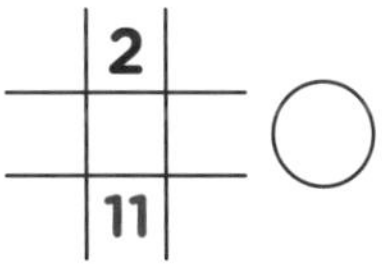


「11」のスピリチュアルとの結びつきが、ソウル「2」のつながりを強める助けに。

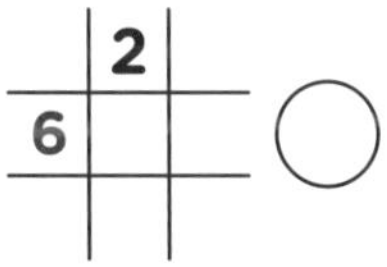


「6」も「2」も優しく穏やかな数字。まったりした癒しの空気感が生まれるわ。

**要注意なナンバー**

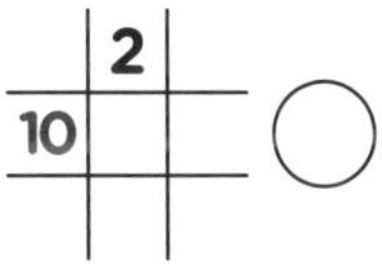


誰かとつながりたいソウル「2」と、自分の道を進みたいコア「10」がかち合うことも。

Soul Number!!
3

# ソウルナンバー「3」

## 「世界は大きな遊園地。遊ぶように人生を生きて」

**【軽やかさ】** あなたは、前を向いて人生を進む人。苦しい状況でも、ポジティブさを失わないのが最大の強み。明るいエネルギーの持ち主で、場に軽やかさと笑いをもたらすあなたは、停滞感に覆われている現代社会の救世主。目を三角にしながら、戦々恐々としている人たちをしり目に「いいじゃないの、悩まなくたって」と、ハッピーモードをなくさない。あなたがいるだけで、空間に流れる重い空気が全部、入れかわっちゃうぐらいなの。

**【遊びの才能】** ワクワクすると、時間を忘れて没頭する集中力があって、その姿はまるで、砂場でひたすら遊び続ける子どものよう。マインドが柔らかく、発想が自由でクリエイティブ。あなたにとって、人生は大きな遊び場なのね。脳の中はアイデアの宝庫。奇怪、奇妙なアイデアと遊び戯れているうちに、おもしろいものを「発明」できちゃう。あなたにとって、すべては「楽しい遊

**ソウルナンバー「3」を読み解くキーワード**

前向き、プラス思考、明るさ、笑顔、
ワクワク感、遊び、自由な発想、
クリエイティブ、チーム、サポート、
ネガティブ感情と争いごとへの恐れ

び」の延長なの。

**【苦手】** そのかわり、つまらないと、ひたすら退屈しちゃう。特に「ねばならぬ」的な空気は、大の苦手。世の中には、やりたくないけどやらなきゃいけない「義務」があるけど、あなたには、イヤだなと感じながらこなす忍耐力は、あまりないみたい。だからこそ、環境選びが大切。あなたらしさを押さえつけるようなところはダメ。前向きさ、創造性、明るさ、自由な発想、こんな性質を受け入れ、歓迎してくれる環境にいるのが、幸せへの第一歩よ。

**【チームの一員】** サポート上手のあなたは、自分のためにはできないことも、人のためにならがんばれちゃう。だから、チームで動くと楽しいわ。何でも気軽にお願いされるタイプだけれど「引き受けすぎ」には注意して。できないときは断るのが楽しくやっていくコツ。苦手なのは、争いごと、イヤな雰囲気。ケンカや言い争いの場からは、逃げ出したくなるぐらい。でも、これは世の常として、ゆるりとあきらめてみて。イヤな空気や感情を恐れすぎないでね。

**相性の良いナンバー**

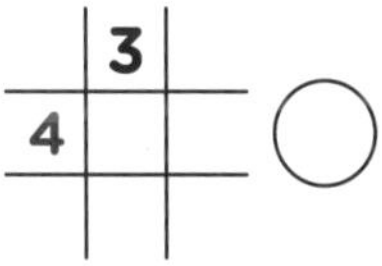


自由に広がるソウル「3」のエネルギーをまとめ、形にしてくれるのがコア「4」よ。

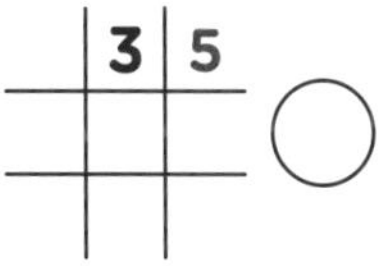


ギフト「5」には、クリエイティブなソウル「3」の発想を現実化する力があるの。

**要注意なナンバー**

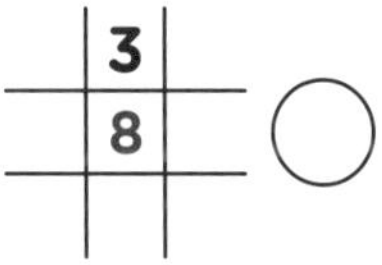


遊びたい子ども/ソウル「3」と働きたいお父さん/レッスン「8」との間に葛藤も。

Soul Number!!

4

# ソウルナンバー「4」

## 「ありのままを冷静に見つめる目線を育てて」

**【広い視野】**あなたは鋭い観察眼を持った人。事実を曲げず、ありのままの姿を見ることができるのが強み。これ、簡単そうに聞こえるけど、そういうわけでもないのよね。世の人は、見たいものを見て、聞きたいことを聞く。自分に都合のいいように、世界に色をつけちゃうの。でも、あなたは違う。個人的な感情に左右されない冷静な観察眼と、ちょっと離れたところから、全体を見渡す視線を持っている。すべてを「あるがままに」見ている人なの。

**【中立】**コインに裏と表があるように、どんなことにも、いい面と悪い面があるものだけど、あなたはその両面を公平に見ることができる、ニュートラルなマインドの持ち主。たとえば、ケンカをしている人たちがいても、あなたはどちらの味方にもならず、両方の言い分を聞くことができるの。冷静で落ち着きがあり、理論的に、筋道立てて考えられるのも、あなたの強み。どんなこと

**ソウルナンバー「4」を読み解くキーワード**

観察眼、ありのままを見る視線、
中立的なマインド、公平さ、理論的、合理的思考、
説明、ぐるぐる思考、客観性
穏やかさ、冷静さ、瞑想、

も、段階を追いながらひとつずつ丁寧に理解するので、人に説明をするのも上手。

**【思考の迷路】**頭の中はいつも忙しく、いろいろな考えが飛び回ってるの。ただそれは、脳内の「思考ファクトリー」で、整然と組み立てられていくので、混乱はそれほどないはず。合理的な思考をするあなたが注意した方がいいのは、同じ考えが頭の中をめぐり続けるとき。「ぐるぐる思考」には、強いこだわりや、型にはまった考えが根づいていることが多いの。そこから少し離れて、自分の思考を客観的に、静かに観察してみるといいわ。

**【瞑想】**あなたの穏やかで落ち着いたマインドは、瞑想の習慣をつけることで、さらに強化されるはず。瞑想は、自分の思考や感情を、批判したり判断したりせずに、ひたすら見つめる訓練。あなたは波の立たない静かなマインドを持っているけれど、それは姿形がない分、バランスも崩れやすいの。瞑想を日々の生活に取り入れると、あなたの冷静さや落ち着き、観察眼や思考力が強まって、穏やかな幸福感が得られるわ。

**相性の良いナンバー**

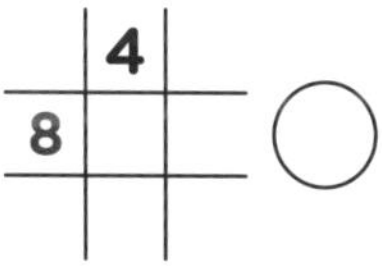


ソウル「4」の計画を実現させるパワーを持つのがコア「8」。結果を出せる相性。

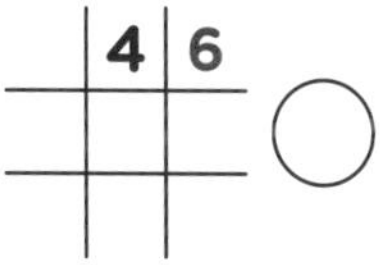


頭/ソウル「4」で考えてるだけでなく、心/ギフト「6」で感じることも大切にできるわ。

**要注意なナンバー**

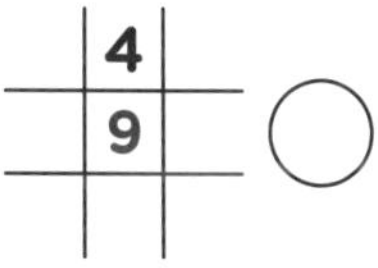


「4」も「9」も考えすぎる傾向ありよ。同じことをずっと悩み続けないよう注意して。

Soul Number!!

5

# ソウルナンバー「5」

## 「世界は大きな実験室。なんでもまず、やってみて」

**【まず行動】** あなたは行動の人。考えるより先に身体が動くので、いつも忙しくて、のんびりすることがないくらい。ためらったり、悩んだりするよりも「とりあえずやってみよう」と思えるのがあなたの強み。うまくいかなかったら、そのとき考えればいいわ、とまず行動を起こす。そこで失敗したら、これもいい経験だったわ、次はやり方を変えてみよう、とその先の行動への準備をする。人生はいつも、この流れの繰り返しなの。

**【体が資本】** 行動力に加えて、体力があるのもあなたの強み。○○をしたい、という意欲にこたえるように、体もちゃんと動いてくれるのね。ただ、肉体を酷使する傾向もなきにしもあらず。普段からエクササイズの習慣をつけるようにして。体は「わたし」の乗り物だから、できるだけ、長く使いたいわよね。そのためには、メンテナンスが大切。でも気負う必要はないの。体力づくりの

**ソウルナンバー「5」を読み解くキーワード**

行動力、とりあえずやってみる、
体力、エクササイズ、
ネットワーク、知り合い、出会い、
実践主義、変化、新しい環境への適応

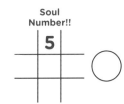

エクササイズも、習慣になれば、あなたはきっと楽しめるから。

**【ネットワーク】**あなたは、家にいるより、外に出ていたい人。家は寝るだけ、という生活でも問題なし。出張が続いても、転勤があっても大丈夫。新しい環境への適応も早く、すぐに馴染めるので、むしろ大歓迎、ということも。出会いの機会が多い分、知り合いも多く、自然に広いネットワークができるわ。これはあなたの強みのひとつ。いろいろな人を知っているから、困ったときにも、ピンポイントで相談できる人が見つかるはず。

**【変幻自在】**論より証拠。実践主義のあなたは、変化にも強いの。あなたにとって世界は大きな実験室。「これをやってダメだった」というときは、「こっちの方がいいかも」と、あっという間に考えを変えて、別のやり方を試せるの。ものごとに固執せず、自由だから、何がどう変わっても、自然に受け入れられるのね。苦手なものは、机上の空論。これには、まったく共感できないんじゃないかしら。考えてるだけで、何になるの？　と思っちゃうのよね。

**相性の良いナンバー**

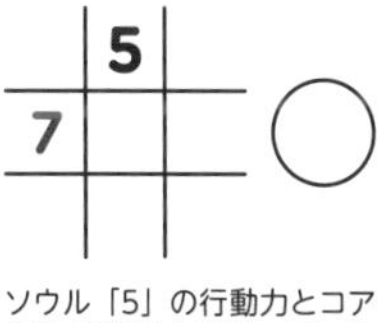


ソウル「5」の行動力とコア「7」の発信力を持っていれば、ビジネスでも大活躍!

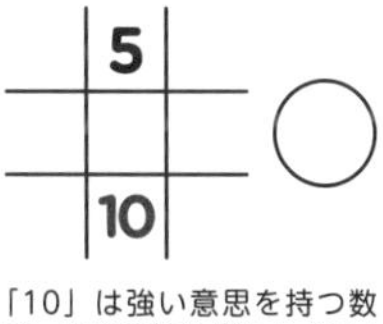


「10」は強い意思を持つ数字。自分の軸をぶらさずにソウル「5」の行動力がいきる。

**要注意なナンバー**

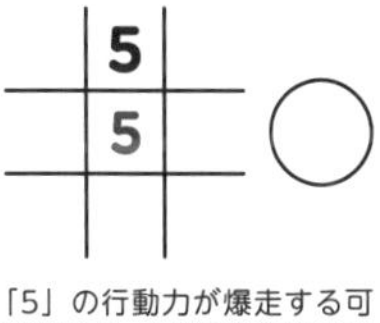


「5」の行動力が爆走する可能性あり。行動選択には注意を。休む時間もとってね。

Soul Number!!

6

# ソウルナンバー「6」

## 「まずは気持ちありき。〝好き〟を大切にして」

**【心との対話】**悩んだとき、道に迷ったときには心に尋ねて。あなたは、何をするときにも「心の了解」が必要な人。仕事も学びも人とのつきあいも、義務感や責任感からがんばっていると、苦しくなっちゃう。心のＯＫなしに続けていくのは、あなたには至難の業。無理してると、空虚な気持ちばかりが大きくなっちゃうわ。気持ちに正直でいていいの。というか、正直でいないといけないの。答えはすべて、あなたの心の中にあるのだから。

**【心を開く】**あなたは、心の活発な動きをいつも感じている人。悲しみや寂しさで胸の奥がぎゅっと縮むくらい、繊細なハートの持ち主だけど、心を怖がらないで。心の中のさまざまな動きを、味わうように感じているのが、あなたらしさ。自分の心を信用すればいいの。傷つくことを恐れずに、心を開いて。あなたの心は弱くない。自分が思っているよりずっと強くて、大きな負荷にも耐

**ソウルナンバー「6」を読み解くキーワード**

心、心の了解、気持ち、感情、優しさ、
思いやり、癒しとヒーリング、
美、ファッション、アート、
ほめ言葉 、感性、審美眼

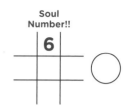

えられるのよ。そして、経験を積むごとに、あなたの心はさらに豊かに広がっていくわ。

**【癒し】**あなたは、自分だけでなく、人の気持ちも繊細に感じ取るの。心づかいに長けているのは、相手の感じていることが、手に取るようにわかるから。ただ、助けてあげたい、親切にしよう、とがんばらないで。気の利いた言葉をかけなくても、心を開き、自然体の自分でいるだけで十分。あなたの気持ちは、間違いなく伝わるわ。あなたの存在自体が、パワフルな癒し。心の持つ巨大なパワーを知って。

**【センス】**感性と審美眼が鋭く、美やアートを深いところで理解できるわ。ファッションセンスに優れ、おしゃれも上手。こういうセンスは、自分のためはもちろん、人のためにもいかせるものよ。わざとらしさのない自然なほめ言葉も、あなたならでは。人のいいところを見つけるのは、あなたの特技のひとつ。世の中は、自分の良さに気づけない人たちだらけ。そんな人たちに、自分が持っている「いいところ」を教えてあげて。

**相性の良いナンバー**

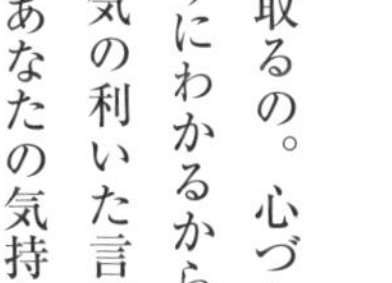


マインド／「3」も心／「6」も自由でクリエイティブ。自由に思い、考えられるわ。

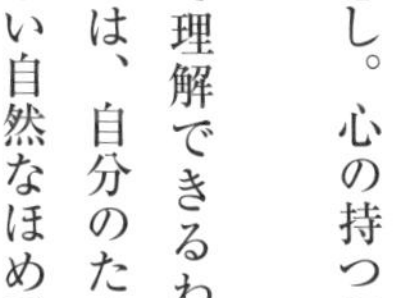

ソウル「6」の思いや感情が手に負えないほど強くなっても、「5」の行動力が助けに。

**要注意なナンバー**

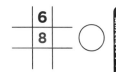


優しい人でいたいソウル「6」と、強くなりたいレッスン「8」がぶつかり合うことも。

Soul Number!!

7

# ソウルナンバー「7」

## 「言葉にも、態度にも、思いとメッセージを込めて」

**【伝える】** あなたは、声を伝える人。心の中をめぐる「言いたいこと」を、メッセージとして世界に向かって発信するの。あなたの心の内は、気持ちやメッセージ、伝えたいことであふれているはず。話したり、書いたり、歌ったりするときには、言葉とそこに込められた思いを伝えよう、という意識を持って。部屋を片づけるように、心の中身を整理整頓する習慣をつけてね。あなたが伝えたいことも、選ぶ言葉も、自然とはっきりしてくるわ。

**【敏感さ】** コミュニケーションを大切に。伝えたいことを伝え、相手の言いたいことを受け止める、というのがポイントよ。あなたは、人や場の空気にとても敏感。言葉はもちろんだけど、相手の様子や態度からも情報を受け取りながら、うそのない、親密な関係を作っていって。発言には気を使ってね。何を言うか、言わないか。話しすぎていないか、それとも、黙りこくっていないか。

**ソウルナンバー「7」を読み解くキーワード**

伝える、発信、メッセージ、主張、
コミュニケーション、
ひとりの時間、内省、沈黙、
オーラ、気の伝達

ちょうどいいところが見つけられると、人との関係もうまくいくわ。

**【ひとりの時間】**ひとりの時間をとること。誰にも邪魔されず、静かに内面を振り返る「内省」の時間と、内から生まれてくるものを観察する「沈黙」の時間が、あなたには必ず必要なの。ひとりでいることで、心の奥底に隠れているものが出てきたり、もやもやしていたものが言葉となって表れることも。心地よくいられるスペースを見つけて、ひとりの時間を過ごしてみて。短い時間でも、心が片づき、伝えたいメッセージも明確になるわ。

**【オーラ】**〝オーラ〟と聞くと神秘的なイメージがあるけど、これは実は、心臓が実際に発しているエネルギー。心臓を起点に、約3メートル先まで広がっているの。あなたは目には見えない、このオーラの存在を感じとり、そこからさまざまな情報を受け取っているの。良い気をもらって元気になる、人混みで具合が悪くなる、なんてことがない？　あなた自身のエネルギーも、熱伝導がいいのが特徴。気分が悪かったりイライラしていたりすると、すぐにまわりにもばれるから気をつけて。

**相性の良いナンバー**

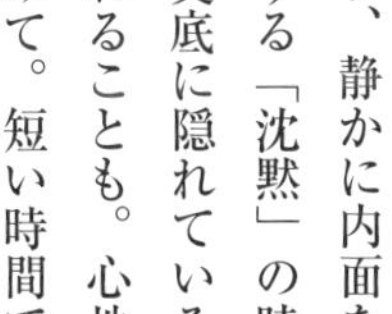


コア「4」で言いたいことを整理して、ソウル「7」でわかりやすく伝えられるわ。

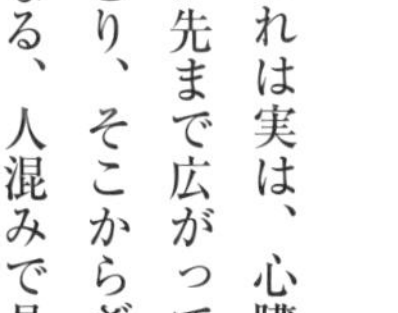

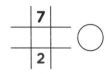


慎重で注意深い「2」は、ソウル「7」が適切な言葉や表現を選んで伝える助けに。

**要注意なナンバー**

からくりを知りたいソウル「7」。ただ、スピリチュアル「11」の理解は困難かも。

Soul Number!!

8

# ソウルナンバー「8」

## 「パワー全開! のんびりしている暇はないわ」

**【圧倒的パワー】** あなたはエネルギーあふれるパワフルな人。意思が強く、やると決めたらゴールに向かってひたすら突っ走る! その姿は、獲物を狙う動物のよう。多少の困難にはびくともせず、猛烈な勢いで突き進むの。転んでもただでは起きない、という言葉を地でいき、あらゆる経験を糧にできるのが強み。辛くても、大損しても、そこから必ず何かをつかみ取る底力があるの。逆境に見舞われると、かえって闘志に火がつくことも。ぴりぴりした緊張感を楽しめるの。

**【天性のボス】** 責任感が強く、任されると燃えるあなた。あたりまえのようにボス役をこなせるわ。仕事のスピードは速く、実行力抜群。軍隊を仕切る司令塔のように、人をどんどん動かせるの。あなたの「お願い」は実は「命令」。なかば強引にやらせちゃう、ということも。ぼやっとしてたり、働かない人を

**ソウルナンバー「8」を読み解くキーワード**

エネルギー、パワー、闘志、
責任感、実行力、命令、怒り、
お金、ビジネス、起業、
男性エネルギー、父性、父親、博愛

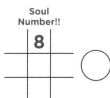

見るとイライラ。ついカッとなる、瞬間湯沸かし器なところがあるけど、怒りは悪いものではないから、怒るべきところでは怒って。後まで引きずらなければいいだけ。

**【稼ぐ】** 自分で稼ぎ、好きなように使う、という生活があなたにはぴったり。経済的に不自由がなくても、人に頼る生活には物足りなさを感じるかも。家にいても退屈だし、エネルギーを持て余すから、外に出て働くのがおすすめ。収入には、それなりのこだわりを持って。ただ、大切なのは金額そのものではなくて、稼ぐ、払う、また稼ぐ、というお金の流れを感じることよ。起業もおすすめ。人を動かす力と長時間働く体力があるので、ビジネスのアイデアが浮かんだら、ぜひ実現させて。

**【父性】** あなたはとても男前。父性のエネルギーもあり、女性でも「昭和な時代のコワいお父さん」的なところがあるの。あなたの中の男性的なエネルギーを十分発揮するために、父親とはいい関係を保つようにしてね。関係がこじれていると、あなたのパワーもいっしょに消えちゃうわ。懐の深い男前な思いやりを持つあなた。大ボスが子分をかわいがるような、博愛に近い大きな優しさがあるの。これは、あなたが周囲から慕われる理由よ。

**相性の良いナンバー**

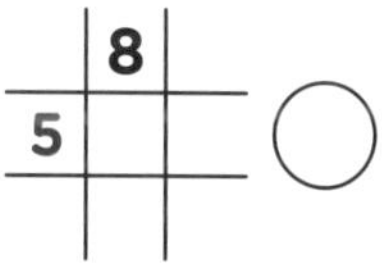


ソウル「8」はエンジンでコア「5」はギア。ちょうどいい出力でやっていけるの。

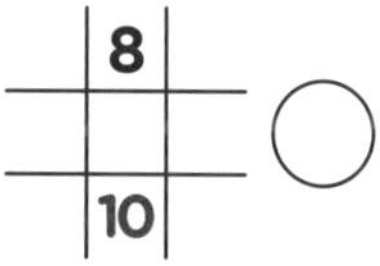


がんばるお父さんソウル「8」を支える、強く優しいお母さん「10」がついているの。

**要注意なナンバー**

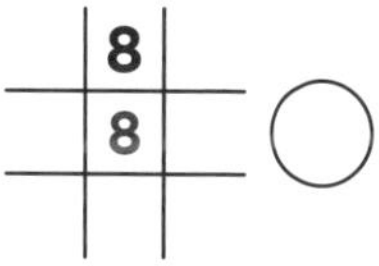


エネルギーの使い方が課題になるわ。やりすぎず、怠けすぎないポイントを見つけて。

Soul
Number!!
9

# ソウルナンバー「9」

## 「聡明さと賢さ。知恵を愛し、学びを続けて」

【学び】あなたは、知的好奇心にあふれた人。世の中は、知りたいことだらけ。ネットで調べるのも、学校や講座で学ぶのも、本を読むのも全部好き。何気ない友だちとの会話の中でも、次々に知りたいことが出てきて、頭の中はつねにフル回転なの。情報をいくら詰め込んでも、疲れないぐらいの脳の力とキャパがあって、興味のあることはとことん追求。あなたにとって、学びは一生続くライフワーク。これはずっと変わらずにいくわ。

【スペシャリスト】あなたの頭の中は、知識や情報でいっぱい。よくここまで入るわね、というぐらい、雑学から高尚な内容まで、いろいろな知恵がつまってるの。あなたにおすすめしたいのは、専門分野を持つこと。その分野を極め、その道のスペシャリストになるのよ。何かを習得するには、1万時間、あるいは10年かかると言われているけれど、それぐらいの期間をかけて、ひとつ

**ソウルナンバー「9」を読み解くキーワード**

知的好奇心、知識、情報、
学び、学習、知恵、
スペシャリスト、専門家、直観力、
ものわかりのよさ、アドバイス

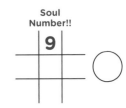

のことを徹底的に学んでみて。それがあなたのぶれない軸となるから。
**【閃き】**直観力もあなたの強み。「1を聞いて10を知る」ような物分かりの良さは、直観の力に負うところも多いの。ものごとが始まった瞬間に結果が予測できるとか、誰かが話し出したらすぐに言いたいことがわかるとか、そんな経験も多いはず。この能力は、意識的に鍛えることもできるの。「たとえ理にかなっていなくても、それを信じて行動する」。これを繰り返すだけで、どんどん鋭くなっていくわ。
**【教える】**情報通で、もの知りのあなたのまわりには、助言を求める人でいっぱい。あなたはひとりで過ごすのが好きで、人を遠ざけるところもあるかも。でも、何かを聞かれたら、面倒がらず、快く持っている知恵や知識をシェアしてね。そんなときに気をつけるポイントは2つ。1）相手が分かるシンプルな言葉で伝えること。2）ステップごとに分けてわかりやすく伝えること。猛スピードで働くあなたの思考に「ついていけない」人がいるの。相手目線でゆっくりめ、でお願いね。

**相性の良いナンバー**

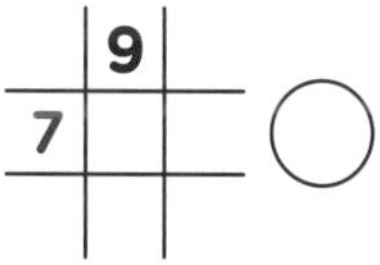


知識欲の強いソウル「9」とからくりを知りたいコア「7」。知恵が身につくわ。

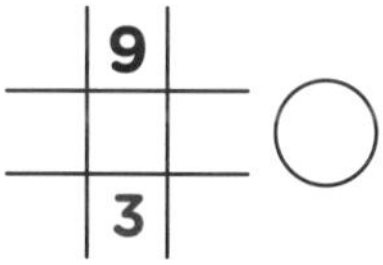


ひとり静かなソウル「9」もにぎやかなファンデーション「3」で寂しくないわ。

**要注意なナンバー**

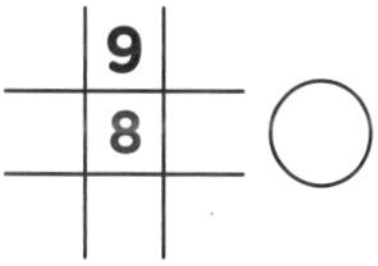


ソウル「9」の穏やかさと熱血のレッスン「8」が衝突することも。気をつけて。

Soul Number!!
10

# ソウルナンバー「10」

## 「自分を信じ、強い意志を持って進んで」

**【リーダー】** あなたは、存在感の強い人。自分の器の大きさと大物感には、多少なりとも自覚があるんじゃないかしら。どんなときでも堂々としていてね。調子がイマイチでも、背骨をぴんと伸ばして、まっすぐ前を見すえていること。あなたにはリーダーシップの才があるけれど、その能力を発揮する前に、まずは自分を導いて。悩んでいるときこそ、人生の選択権は自分にあることを思い出すといいの。「わたしはこうするの」という強い意思が、あなたの軸になるわ。

**【理想像】**「わたしの人生は、わたしのもの」。あなたにはこんなマントラがぴったり。人生を進むのに不可欠なのが「ヴィジョン」。あなたの望むものは何？ 達成したいことは？ 憧れの自分像がある？ なりたい自分を明確にイメージし、ヴィジョンを持つのがあなたの幸せへの道。目指す先が不明瞭だと、正し

**ソウルナンバー「10」を読み解くキーワード**

可能性の実現、リーダーシップ、存在感、強い意思、
クリアなヴィジョンとイメージ、
自らの道を行く、勇気、自信、
母性、女性エネルギー、ダイヤモンド

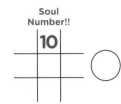

い道を進んでいけないから、とにかくクリアに思い描いて。職業、収入、学び方、友人、休暇の過ごし方まで、あらゆることを。

**【恐れ】**どんなときにも、我が道を行きながら、可能性を実現させるのがあなたのスタイル。ただ、あなたは、がむしゃらに突っ走るというよりは、繊細な気持ちを感じ取るタイプ。当然、不安や恐れがあったりもするわ。それでも歩んでいけるのは、怖いと思いながらも、前へ進もうとする勇気があるから。先行きが見えずに孤独を感じても、自分を信じていられるの。だから、あなたはくじけない。存在自体が強いのよ。

**【母性】**あなたは、母性と女性エネルギーを持つ人。母のような、大きく包み込むパワーがあって、まわりには、惹きつけられるように人が集まってくるの。自信を持って人生を進んでいくあなたの姿は、とても魅力的。まわりの人たちは、あなたの中に理想の自分の姿を重ねながらついてくるの。あなたが輝くための秘訣、それは１００%自分であり続けること。あなたはあなたでいればいいの。自分らしくいることで、ダイヤモンドのように大きく輝くのよ。

**相性の良いナンバー**

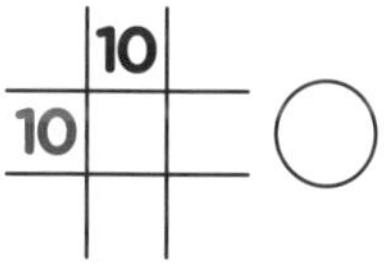


「10」が二つで数字のパワーもアップ。願いやゴールをクリアに思い描くのがカギ。

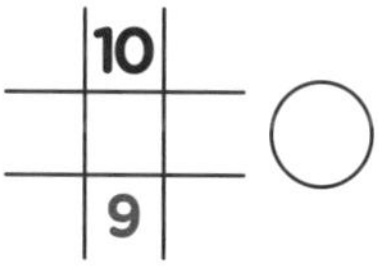


ソウル「10」は願いを明確に思い描く人。もし道に迷っても、知識「9」が助けに。

**要注意なナンバー**

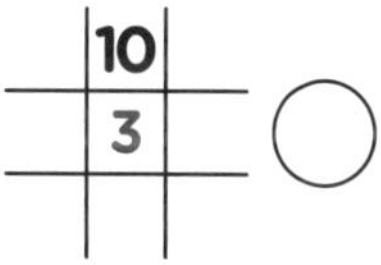


強い意思で我が道を行くソウル「10」と、自由にい生きたいレッスン「3」に衝突も。

Soul Number!!
11

# ○ ソウルナンバー「11」

## 「人生の流れに乗って。抗う必要はないの」

**【天とのつながり】** あなたは、スピリチュアルとつながる人。スピリチュアルは、物質的な世界の外に存在している、五感でとらえられないもののこと。目に見えないし、手で触ることもできない。それでもつねに、わたしたちに大きな影響を与えながら、働いている大きな力なの。神、宇宙、空、天、運命、自然。こんなことを、あなたの中に息づいている言葉で言いかえて。それが、あなたにとっての「スピリチュアル」というものだから。

**【受け取る】** どんなときにも、あなたのまわりに流れている、巨大なパワーのうねりを感じていてね。それが、この大きな力を感じ取る唯一の方法だから。その働きを感じたら、決して抗おうとしないで。あなたがすべきなのは、まかせること。喜びとなるものは遠慮せずに、そうでないものは、拒絶せずに受け入れればいいの。あなたにとって「いいもの」も「悪いもの」も、天からした

**ソウルナンバー「11」を読み解くキーワード**

スピリチュアルな存在とのつながり、
調和 、大きな力、神、
天、空、宇宙、自然、
大いなる流れ

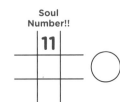

ら同じこと。あなたの仕事は、それを受け取るだけなの。

**【一体化】** 忘れてはいけないこと。それはあなたが、広大な自然、宇宙の一部だってこと。あなたは自分の中にすべてを持っている、完全な存在よ。それと同時に、大きなものの一部でもあるの。どんなときにも、自然の流れ、宇宙の渦を感じ取りながら、調和していく意識を持って。あなたとスピリチュアルの間はつなぎ目がなく、完全にシームレス。あたりまえのようになじみ、一体化すると、スピリチュアルのエネルギーが、自然にあなたの中に流れ込んでくるわ。

**【導き】** 人生は色とりどり。数えきれないぐらい、いろいろなことが起こるわ。つながりのない、偶然の連鎖のように感じられるものも、実はつながっていて、すべてがあなたに与えられたもの。何でこんなことになっちゃうの？　と思っても、がっかりしないで。人生に意味のないことは、ひとつも存在しないの。あなたは導かれ、与えられる人。最大限の努力をしながら、大きな流れに身をゆだねて。そして、瞬間ごとに、天への畏敬の念を持ちながら生きていけばいいの。

**相性の良いナンバー**

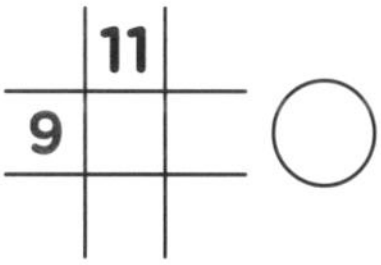


物質的な欲が少ないコア「9」は、形のない「11」のエネルギーとなじみがいいの。

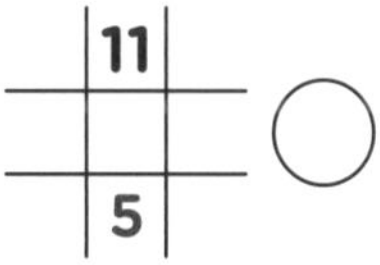


目に見えないソウル「11」のエネルギーも、「5」の力によって現実世界で表現できる。

**要注意なナンバー**

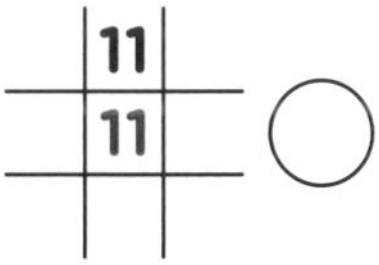


天のメッセージを受け取りたいのに、うまくいかない、と悩むかもしれないわ。

## Select Number.02

女優

# 樹木希林

(1943年1月15日生まれ)

| | | | |
|---|---|---|---|
| 4 | 6 | 7 | |
| 9 | 1 | 8 | ⑥ |
| | 7 | 6 | |

次に登場いただくのは、日本の女優、樹木希林さん。当代きっての個性派俳優だった希林さんの生年月日の数字は、どんなことを伝えてくれているのかしら。さっそく、見ていきましょう。

自分の本質を表すソウルナンバーは「6」。繊細な感情を持つ人だとわかるわ。表面には見えなくても、内側ではさまざまな思いを感じている人なの。演技で見せてくれる、単純な喜怒哀楽では表現できないような感情の機微は、「6」の数字から来ているのね。私生活でもいろいろな経験をされた方だけど、どんなときにも、自分の奥深いところで揺れている感情に向き合っていたと思うわ。

際立つ個性が魅力の希林さん。そこに隠れているのがレッスンナンバー「1」。これはまさに、個性の数字なの。ただ、レッスンナンバーは課題の数字。「1」には「何もない」、「まっさら」、「種」という意味があるけれど、希林さんは、樹木希林という女優を、何もないところから、自分で育てていかなくてはいけなかったのね。自分で自分の可能性を引き出し、花開かせた人なの。それが並大抵の努力ではなかったことを、数字は伝えているわ。

ファンデーションナンバーとギフトナンバーが「7」。心の声を発すること、メッセージを伝えることが、希林さんの支えであり、強みなの。台詞に自然に気持ちが込められ、流れるように出てくるのは「7」の特質。うそがなく、正直な、本物の声を伝えられるのね。

第一印象を示すプロジェクションナンバーは「4」。「落ち着いた人」という印象だけれど、実際の本人を示すコアナンバーは「9」。これは「達した人」。ひとつのことを徹底的に極める、その道の達人であり、圧倒的なプロ。名女優であったことに異論を唱える人はいないわよね。自分にしかわからない知恵を持ち、演じる仕事のすみずみまで知り尽くしながらも、好奇心を持って自己研さんを続ける賢く聡明な人。それが樹木希林さんなの。

人生の目的を表すパーパスナンバーは「6」。レッスンナンバーが「1」で「ひとりでいる」、「ひとりでやる」という意思が強い希林さん。ただ、彼女のチャートには、心、家族を示す「6」が三つ。どんな課題があったにせよ、生涯を通して、家族の存在が大切だったことが読み取れるわ。ただ、普通の家族とは別に、女優としての希林さんは、ファンという巨大なファミリーを持っているの。彼女の姿はファンの記憶に深く刻まれ、それぞれの心の思いと結びつきながら、ずっと生き続けているわ。

# 第2章

# Lesson Number
# レッスンナンバー

〜あなたの課題と学びとなる数字〜

Lesson Number!!

# レッスンナンバー

人生で抱えやすい課題と、課題をこなすして得る学びを示す数字

Lesson Number

レッスンナンバーは、あなたの人生の課題と学びを示す数字。これは「カルマナンバー」、「チャレンジナンバー」とも呼ばれ、あなたが人生でどんな問題や困難、トラブルを抱えやすいのかを教えてくれる数字なの。持って生まれたカルマを表し、厄介な問題の引き金になることも多い、チャートの中の問題児。まずは、あなたのレッスンナンバーの性質をよく知って。そして、この数字が、あなたの人生にどんな影響を与えているのか、振り返ってみてね。

数秘学では「1」から「11」までのそれぞれの数字に、プラスの面とマイナスの面があると考えるの。つまり、いいところと悪いところが両方あるってことなのね。レッスンナンバーの特徴は「数字のネガティブな側面が出て

**算出方法**

誕生月の数
例：1月生まれの場合……「1」
　　6月生まれの場合……「6」
　　12月生まれのみ　1＋2＝「3」

**数字が出やすい年齢**

0歳-18歳

きやすい」こと。油断すると人生全体に悪影響を及ぼしかねない、要注意の数字なの。数字自体が悪い、不吉、というわけではないので、そこは誤解のないように。ただ、心のどこかで、いつも気をつけていた方がいい数字なの。

どんな人の人生にも問題は避けられないけれど、それがレッスンナンバーがらみ、ということもよくあるわ。一見、違う問題のようだけれど、奥を探ってみると、そのおおもとは同じだった、というように。生涯にわたって、同じ失敗やあやまちを繰り返さないですむように、自分の抱えやすい問題や課題の本質、根っこになっているのは何なのか、これをレッスンナンバーの性質を通じて学ぶことは、数秘学の大切な目的のひとつなの。

ただ、レッスンナンバーを怖がらないで。これは人生の「課題」と「学び」の数字なの。方程式を解くとき、はじめは難しくても、だんだん、早く問題を解けるようになるわよね。それと同じなの。人生に現れる問題は、テストに出された問いのように、自分で考え、答えを出そうと努力するもの。そういうプロセスがあるからこそ、人生の学びが深まっていくの。レッスンナンバーは、あなたの学ぶべきものを、教えてくれる数字でもあるのよ。

Lesson Number!!

1 ○

# レッスンナンバー「1」

## 「あなたの世界を見せて。そこには何があるの？」

**【ひとりの世界】** あなたは、自分の世界に住んでいる人。その世界は心地よくて安全で、ひとり遊びには最高の場所。あなたはそこで、考えたり、思ったり、学んだり、遊んだりしながら、個性いっぱいの、唯一無二の自分を作るの。ただ、そこにいるのはあなただけ。困っても、悩んでも、誰にも相談できないの。世界の「窓」にちょっと目をやれば、人がいるのがわかるのだけど、あなたはなかなか、外の方を見ないのよ。

**【助け】** 自立心が強く、人に頼らずに自分の道を進めるあなた。でも、助けてもらいたいときもあるわよね。自信をなくしたり、進む道に迷ったとき。はじめの一歩が踏み出せないとき。人に頼るのはちょっと苦手。でも、困ったとき「こっちですよ」と進む方向を教えてくれたり、手助けをしてくれる人の存在は、かけがえのないもの。自分ひとりで生きていこうって思わないで。人生

**レッスンナンバー「1」を読み解くキーワード**

ひとりきり、孤独、自立、独り占め、
自分だけの世界、他者への無関心、
引っ込み思案、頑固、
考えすぎ、自己完結

は、人といっしょに歩めるものよ。

**【分かち合い】**「あなたならでは」のアイデアを持っているのに、それを自分の内に閉じ込めちゃうのは、あなたの悪いくせ。まわりは待ち望んでいるのに、それをシェアせずに、独り占めしてるの。いいものも、外へ出さなければ「ない」ことになっちゃう。残念だけど、世の中ってそういうところ。あなたがちょっと頑固だってわかってるわ。でも、ひとりの世界に閉じこもらずに、外へ出てきてほしいの。そして、あなたの内に持っているものを、まわりと分かち合って。

**【扉を開く】**内へと向かう意識は、あなたの個性そのもの。決して失ってはいけないの。ただ、それを保ちながらも、外に意識を向けてみると、あなたの世界はもっと広く、大きくなっていくわ。そこにいるのは、協力者たち。あなたの個性や才能を花開かせるために、サポートをしてくれる大切な存在よ。そんな人たちを、自分の中に迎え入れて。すると、あなたの世界はさらに開け、自分の可能性のすべてを実現するためのエネルギーが動き出すわ。

**相性の良いナンバー**

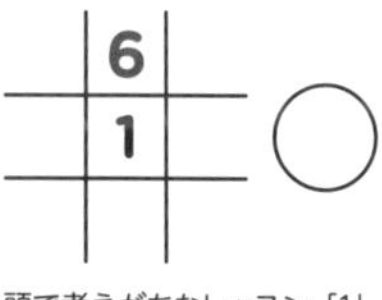


頭で考えがちなレッスン「1」。心の数字「6」がハートを開く助けに。

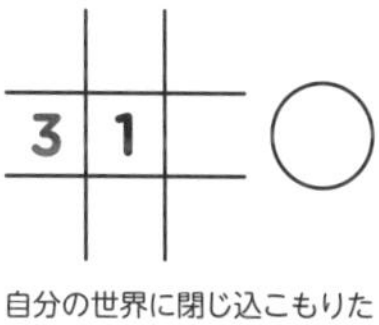


自分の世界に閉じ込こもりたいレッスン「1」。友だちが大好きな「3」が外に連れ出す。

**要注意なナンバー**

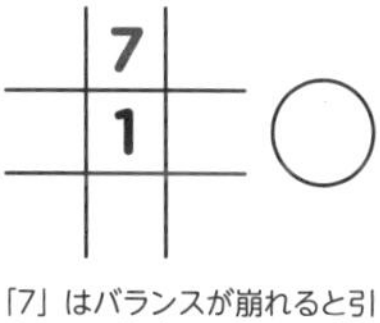


「7」はバランスが崩れると引きこもる数字。レッスン「1」のひとりのエネルギーに注意。

Lesson Number!!

2

# レッスンナンバー「2」

## 「心配しないで。あなたはひとりでも大丈夫」

**【献身】** あなたは、つながり結びつく人。あなたにとって大事な人は、自分以上に大切な「かけがえのない」存在。相手も、そんなあなたの愛情や気持ちを感じ取っているはずよ。ただ、あなたはちょっと、他者のためにがんばりすぎる傾向があるの。誰かを好きになったりしたら、もう大騒ぎ。自分のことはそっちのけで、その人のために、いろいろやってあげたり、つくしたり。脳内のすべてを占領されてしまうぐらい。

**【一体化】** 大切な人のために「がんばる」のは、あなたにとって自然なこと。つい、やってあげたくなっちゃうの。好きな人はもちろん、友人、親、子どもでも同じ。それはとっても、尊いことだけど、あなたは「濃い」人間関係の中で自分を見失いがち。相手との間の境界線が消滅して、身を投じるように、一体化しちゃうの。そこには、結びつきへの憧れ、内側に抱える不足感、依存心

**レッスンナンバー「2」を読み解くキーワード**

つながり、結びつきへの憧れ、
依存心と所属欲、
内にある不足感、慎重さ、
注意深さ、不安と恐れ

や所属欲が、複雑に絡み合っているのだけれど。

**【ネガティブ】**「間違いやミス、リスク、欠けている部分」にすぐに気づくあなたは、注意深く慎重。これは、サバイバルのための基本的な能力。生きていく上でとっても役に立つわ。ただ、あなたは、この能力がちょっと暴走気味なの。ものごとの「足りないところ」ばかりに目がいくと、マイナス思考の引き金になるし、慎重でいすぎると、怖くて何もできなくなる。リスクばかりに気を取られていると、人生を楽しめなくなって、もったいないわ。

**【不十分さ】**不安や恐れにコントロールされちゃつまらないし、石橋だって、たたきすぎると壊れちゃう。慎重さや注意深さは、行動を制限するためのものではないの。自分の中の「不十分さ」に不安になることもあるけれど、自分を至らないって思わないでいいの。あなたは完全な人。「不十分な感じ」と共生しつつ、自分が独立した、完全な存在だと知ることが、あなたの人生の学びなの。ひとりでも大丈夫。誰かに頼らなくても、自分の足でちゃんと立っていられるわ。

**相性の良いナンバー**

| | | |
|---|---|---|
| | 3 | |
| | 2 | |
| | | |

ネガティブ視点が強くなりがちなレッスン「2」。「3」のポジティブな目線で楽に。

| | | |
|---|---|---|
| | | |
| | 2 | |
| | 11 | |

1対1の結びつきが課題のレッスン「2」。天とのつながりが支えとなるわ。

**要注意なナンバー**

| | | |
|---|---|---|
| 6 | | |
| | 2 | |
| | | |

柔らかい雰囲気と優しい印象の組み合わせ。いい人でいなきゃと重荷になることも。

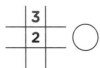

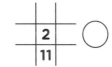

Lesson Number!!

3 ○

# レッスンナンバー「3」

## 「みんなに好かれなくてもいい。いやなときは、断って」

**【イメージの束縛】** あなたはポジティブで明るい人。しけった空気を晴らしてくれるあなたを、周囲はありがたく思うはず。ただ、あなたには「明るく、楽しく、前向きでいよう」とがんばりすぎる傾向があるの。窮地に陥っていても、そういうそぶりを見せないから、誰もあなたが困っているって気づかない。具合が悪い？　と聞かれても、無理して「大丈夫」と答えちゃう。気づかないうちに、「元気な人」というイメージに縛られて、楽しくしなきゃとがんばっちゃうの。

**【沈む日も】** プラス思考は、すべてを可能にする万能なマインド。ただ、ポジティブになれない、困った状況に見舞われるって、やっぱりあるの。そんなときは、辛いとか悲しいとか、苦しいとか、そんな感情がたくさん出てくる。文字通り「ネガティブ」になるけど、そんな陰性の感情の扱いが、あなたは苦

**レッスンナンバー「3」を読み解くキーワード**

軋轢・争い・不穏な空気が苦手、
ネガティブ感情の嫌悪、
無理に前向き、カラ元気、
逃げるが勝ち、幼い雰囲気、断れない、移り気

手。辛い気持ちで沈んでる自分は、やっぱり受け入れがたい？　でも、いつもからりと晴天でなくてもいいの。悩む自分も受け入れて。

**【向き合う】**争いごとや不穏な空気が嫌いなあなた。負の状況を避けようとするけど、そうもいかないこともあるわよね。いやだなと思ったら、あなたは「なかったこと」にして、すべてを抹消しちゃう。軋轢や喧騒の気を感じると「逃げるが勝ち」で、その場からいなくなることも。ただ、問題に向き合わなかった現実は、あなたの中でわだかまりとして残っちゃうわ。勇気がいるけど、抗いや争いにも向き合って。だんだん扱いが上手になって、恐くなるから。

**【断る勇気】**あなたは断るのが苦手。断ったら、相手に迷惑がかかるとか、嫌われちゃうとか、そんな風に思っていたら、すぐ改めて。全人類から好かれる必要なんてないわ。あなたはサポート上手で器用。大抵のことは「ぱぱっ」とこなせちゃうので、そばにいると、とってもありがたい存在。あちこちからの、頼まれごともつきないけれど、都合よく使われないよう注意して。毅然とした態度を身につけて、できないときには、はっきり断るのよ。

**相性の良いナンバー**

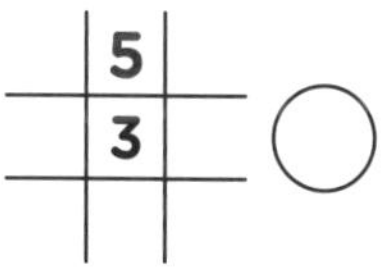


頭の中が混沌としがちなレッスン「3」。ソウル「5」の力で地に足がつくわ。

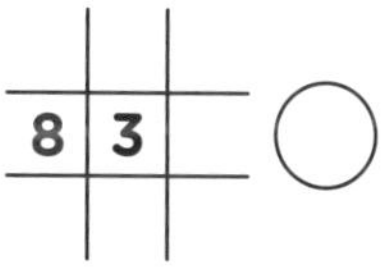


幼さを引きずるレッスン「3」を、コア「8」が大人になりなさい！　と戒めてくれるわ。

**要注意なナンバー**

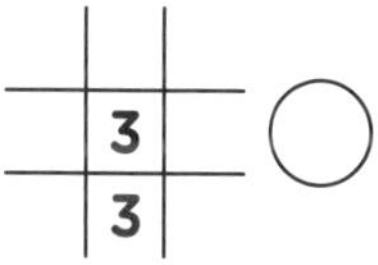


レッスン「3」の流される性質を強めるファンデーション「3」。流され続けることも。

Lesson Number!!

4

# レッスンナンバー「4」

## 「頭を柔らかく。理にかなってなくてもいいの」

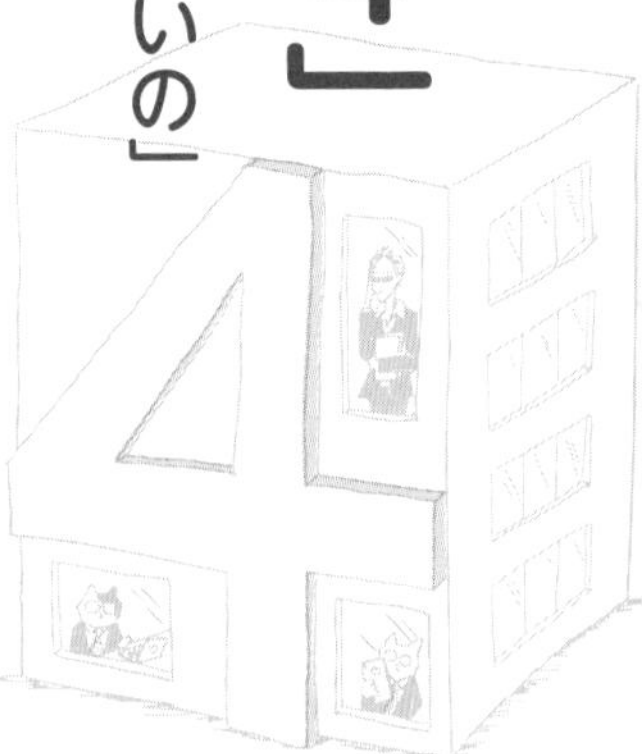

**【理性の強さ】** あなたは、頭を働かせる人。脳内には思考が常に飛び交っていて、休まる暇がないぐらい。考えるのはいいことだし、あなたの強みでもある。ただ、やっぱり「考えすぎ」には注意が必要。悩みがあるとき、あなたは理性で解決しようとするけれど、それが思考の堂々巡りを引き起こすことも。あなたの頭はちょっと固め。がんじがらめの思考だと、いいことはないわ。考えすぎるくせが出てきたら、意識的に頭を柔らかく。頭蓋マッサージもおすすめよ。

**【マイルール】** まじめで常識的なあなたは、社会のルールをきちんと守る。それはもちろん、世の秩序を保つために必要なこと。ただ「決まり」を尊重しすぎは困りもの。ただただ、きゅうくつになっちゃうわ。特に、自分自身の決まりごと「マイルール」には気をつけて。服装、休暇の過ごし方、仕事や家事の

**レッスンナンバー「4」を読み解くキーワード**

考えすぎ、ぐるぐる思考、
思考の堂々めぐり、
行きすぎた理論的思考、神経戦、批判、
マイルール、こだわり、まじめ、几帳面

やり方。強いこだわりがありすぎると、しんどくなっちゃう。ここでも、脳をゆるめると、少し楽になるわ。

**【正論の意味】** あなたの理論的な思考は、あちこちで役に立つわ。ただ、説得力抜群の「誰も抵抗できまい！」的な話し方には、注意して。どうしても「自分が正しい」って思えてきちゃうから。すると、異なる意見を受け入れられず、批判的になって、神経戦に突入しちゃうわ。神経戦のストレス度は100％。できれば避けて通りたいわよね？　正論って、多くの人にとって、それほど重要じゃないのよ。これは、知っておいて。

**【遊び】** きちっとしていて、まじめ。学びは確実に次へといかす。人生を着実に歩む努力家のあなたにおすすめしたいのは「遊び」。決められたことを計画的にこなす、というのは得意だけど、それだけだと、人生は想定内で終わっちゃう。あなたの良さは保ったままで、できる範囲で冒険してみてほしいのね。守りに入らず、ときには攻めの姿勢をとって。自分を囲っている、いろいろな箱から抜け出してみると、あなたの人生も大きく変わると思うわ。

**相性の良いナンバー**

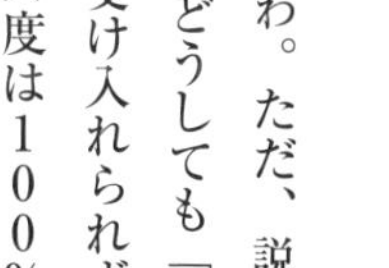


まじめでちょっと固めのレッスン「4」。そこに遊びと楽しみをもたらすのがソウル「3」。

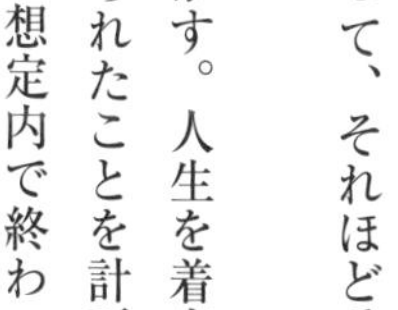


自分の思考にとらわれがちなレッスン「4」。ギフト「4」が広い視野を引き出す。

**要注意なナンバー**

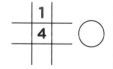


頭がガチガチになりがちなレッスン「4」に、頑固なソウル「1」が合わさると……。

Lesson Number!!

5

○

# レッスンナンバー「5」

## 「行動は選んで。オンとオフの切り替えをしっかりね」

【オーバーワーク】あなたは、じっとしているのが苦手。流れに乗るとずっと、ひたすら動き続け、仕事や遊びに、時を忘れて没頭することも。あなたの世界は、いつも猛スピードで進んでるの。ダウンタイムがなくて、つねにスイッチがオンの状態なのね。ただ、やっぱり、行動力にも体力にも、いつか限界はやってくるわ。あなたは、自分の限界以上に動いちゃう傾向あり。予定をパッパッにつめすぎちゃったり、忙しすぎて体をこわしたりすることも。

【取捨選択】「行動のからまわり」もよくあるの。誠心誠意がんばるけど、行動と目的がうまくかみ合わず、何のためにやっているのか、分からなくなっちゃう。すると「闇雲に、ただ動き続ける」という悲しい状態が発生するわ。行動力があなたの強みだというのは間違いないの。だからこそ、行動の取捨選択に注意して。いつも忙しくしなくていいし、休む時間も必要。そんな中で、本当

**レッスンナンバー「5」を読み解くキーワード**

行動過多、行動のからまわり、
行動の取捨選択、体調管理と体のケア、
生活習慣、エクササイズ、自由

に大事なのは何なのかしら？　っていうマインドね。

**【セルフケア】**体調には気を配って。病気やケガもだけど、あなたの場合、ストレスのような精神的な重荷も、体の症状として出やすいの。自分に合った、無理のない生活習慣を身につけると、だんだん改善されるわ。夜更かしはやめて朝早く起きる、栄養バランスのいい食事をする、休む時間もとる、という基本的な生活パターンね。エクササイズも必須。ただやればいい、というわけではなくて、そのときの体調に合わせた、適切な運動をするのがポイント。

**【人生の課題】**あなたが苦手なのは、行動を制限されること。「朝起きたら、気の向くままに旅に出かける」みたいな生活に憧れるあなたは、理由にかかわらず、行動の自由が奪われると、大きなストレスを感じちゃう。ただ、人生は行動の制限ばかり。そんな中、自分を見失わずに、元気でいるためには、きっと修行が必要。これはあなたの人生の課題ね。好きなことができないとき、どうやって幸せになる？　答えと方法がわかったら、あなたの貴重な学びになるわ。

**相性の良いナンバー**

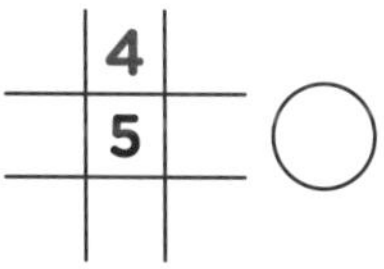


暴走しがちな行動力のレッスン「5」を理論的に考えるソウル「4」が助けてくれるわ。

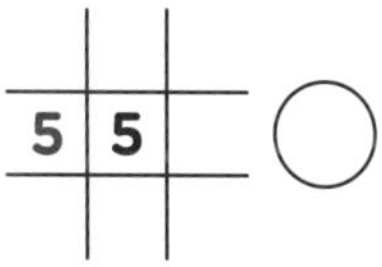


行動が空回りするレッスン「5」。コア「5」の働きで行動の選択がうまくいくわ。

**要注意なナンバー**

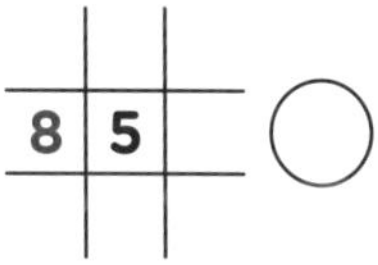


オン・オフの切り替えが課題のレッスン「5」。そこにコア「8」のパワーで……カオス。

Lesson Number!!

6 ○

# レッスンナンバー「6」

## 「人だけじゃなく、自分を癒すことを忘れないで」

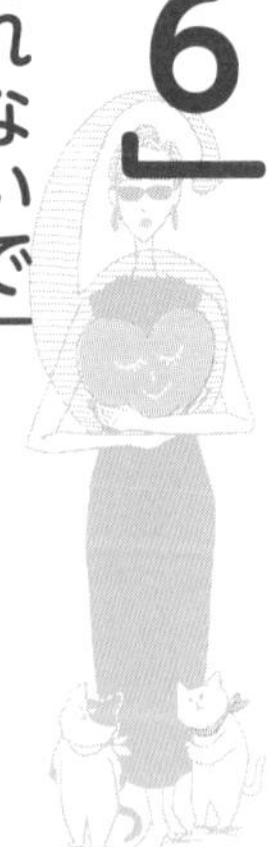

**【心を開く】**「好き」と「嫌い」には共通点があるの。それは、相手に感情を持っていること。一方は好ましい、他方は忌み嫌う、ということだけど、どちらでも、あなたの心は動いているの。ただ、閉じた心には、動きがまったくないの。あるのは「無関心」だけ。心を閉じるって、心に麻酔をかけて、何も感じないようにすること。あなたには、何があっても、心を開いていてほしいわ。ネガティブな感情も含めて、それを感じ、認めることが、あなたを幸せへと導くから。

**【バランス】**あなたは感情が豊かな人。彩り豊かな思いを心の内に持っているの。気をつけた方がいいのは、心のバランス。感情が豊かなあまり、それが痛みとなる場合があるから。感情って、動きのスピードが速いし、目にも見えないし、質感もない。なのに、辛いものであればあるほど、重くのしかかってく

**レッスンナンバー「6」を読み解くキーワード**

心を開く、家族のトラブル、
感情のバランス、感情のコントロール、
傷つきを恐れない、心の繊細さ、
セルフケア、自分を癒す

るのよね。あなたに必要なのは、感情を受け入れながら、支配されずに共生すること。あなたの人生全体が、こういう訓練の場なの。

**【傷つくこと】** あなたの心は繊細で、ガラス細工のように傷つきやすいの。誰も何とも思っていないのに、あなただけが心配したり、気にしたり。そんなときには「なんでわたしだけ？」と損した気分。傷つくのが悪いわけではないの。ただ、傷つきを恐れて、守りに入るのは困るわ。あなたの心の世界全体が「傷つくことへの恐れ」で支配され、小さく凡庸な、つまらないものになっちゃうから。小さな傷には、普段から慣れておいて。すると、大きな傷にも、耐えられるようになるわ。

**【自らを癒す】** 癒しのエネルギーは、あなたが持っている特別なもの。意識せずとも、自然に醸し出されているから、まわりには、癒しを受け取りたい人が集まってくるの。人助けは尊いこと。ただ、自分への癒しを忘れないで。外の人たちへと気持ちが向きがちだけど、セルフケアをおざなりにしたら、それはあなた自身への「いじめ」だわ。誰からも大事にされていないと思ったら、要注意。それは、あなた自身が癒しを必要としているサインなの。

**相性の良いナンバー**

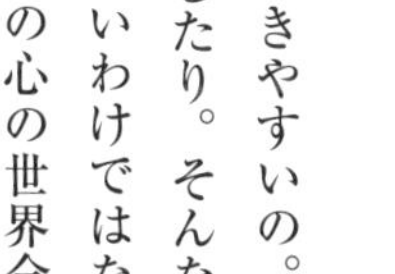


心のうちに閉じこもりがちなレッスン「6」。ソウル「7」が思いを伝える手助けを。

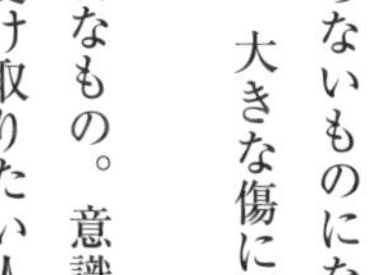


思いに翻弄されるレッスン「6」。コア「4」の理論的な思考で少し冷静になれるわ。

**要注意なナンバー**

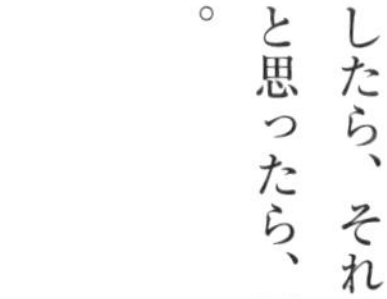


みんなに優しいレッスン「6」と、思いやりのソウル「3」。自分へのケアがおろそかに。

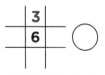

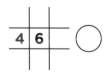

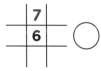

Lesson Number!! 7

# レッスンナンバー「7」

## 「心の声に正直に。うそと秘密に注意」

**【本当の声】** 心の声は自分の存在そのもの。あなたは、内側からの声に向き合えている？　心がもたらす影響を推し量るのは簡単ではないけれど、だからこそ、注意深く探っていってほしいの。心の「本当の声」を無視してない？　外に出せずに、内に隠し持っていない？　フタをして封じ込めてない？　秘密を持ちすぎたり、自分にうそをついたりしないでね。そんなものが積み重なると「言いたいのに言えない」という苦しみにハマっちゃうわ。

**【身を守る術】** あなたは、人やもの、場所が放つエネルギーを感じ取りやすい人。まわりの重い空気に影響されて具合が悪くなったりしない？　人混みや満員電車は大丈夫？　意味もなくエネルギーを消耗して、疲れてしまうことがある？　もしそうなら、それはあなたが無意識に受け取っている「気」が原因なのかも。あなたに必要なのは、目に見えないエネルギーを、遮断したり避けた

**レッスンナンバー「7」を読み解くキーワード**

心の声、秘密、
場や人、ものが発する気やエネルギー、
他者との適切な距離感、境界線、
安心できる空間、ひきこもり

りするスキルかもしれないわ。

**【距離感】**人との距離感には注意してね。まずは、自分にとって心地よい「他者との距離感」を知ること。適切な境界線を引いてほしいの。苦手な人だけでなく、好きな人との距離にも気をつけて。親しい仲にも礼儀あり。入ってきてほしくない領域は、きちんと守る方がお互いのためだから。ただ、あなたの「立ち入り禁止エリア」を広げすぎるのも困りもの。迎えるべき人は迎え入れ、そうでない人とは距離を置く。このバランスがポイントなの。

**【引きこもる】**あなたにとって、人生は、安全な場所かしら？　社会、生活環境、仕事場、家。安心できる場所はどこ？　必ず、持っていてほしいのが、心が安らいでリラックスできるスペース。気が向いたらいつでも行ける、ひとりゆっくり、くつろげる空間。しばしの間「引きこもれる」ところね。自宅の片隅でも、お気に入りのカフェでも、ヨガのスタジオでもいいの。ゆるんだ心のエネルギーが、ゆっくり外の世界へと広がっていくような、そんな場所だとぴったりよ。

**相性の良いナンバー**

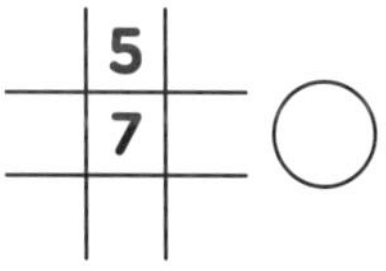


引きこもる傾向のあるレッスン「7」。行動的なソウル「5」が背中を押してくれるわ。

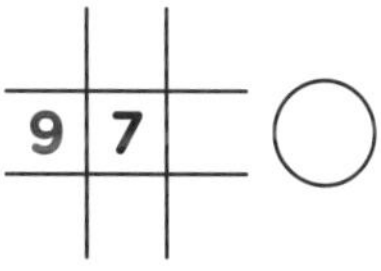


少し神経質なところのあるレッスン「7」。コア「9」で行き詰まった気持ちを解放。

**要注意なナンバー**

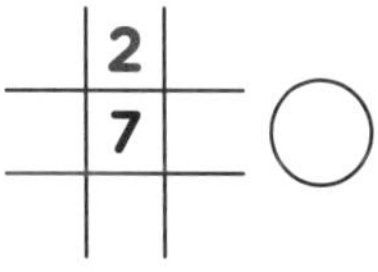


ひとりの時間も大切なレッスン「7」。誰かといっしょにいたいソウル「2」と葛藤も。

Lesson Number!!

8

# レッスンナンバー「8」

## 「なにごとにも、がんばりすぎない。自分に優しくね」

**【力の使い方】** あなたは、エネルギーにあふれる人。ただ、その使い道に苦労が絶えないの。目標が見つからないとムダにあせるし、仕事にやりがいを感じられないと空虚な気持ちに襲われる。何もしないでいると、エネルギーを持て余してかえってしんどい。「わたしにはできるはずなのに」と自分を責めて、内側から病んでいくことも。何かに夢中になりすぎると、今度はやりすぎて身体を壊してしまったり。エネルギーの上手な使い方が課題なのね。

**【受け入れる】** 自立心が強く、人生は「自分で」コントロールしたいあなた。本当は誰かに頼りたくても、それを自分の「弱さ」だと感じたり、人に頼ったところで、アドバイスをうまく聞き入れられず、なかなか現実を変えられなかったり。強い自尊心とエゴが「言われた通りにやってみる」という選択肢を消し去ってしまうのね。人生のボスは自分でいいの。それは事実だから。た

**レッスンナンバー「8」を読み解くキーワード**

エネルギーの適切な使い方、
自分の弱さを受け入れる、人に頼る、
お金の問題、
負けず嫌いと闘争心、強いエゴ

だ、人を受け入れる「素直さ」も育てるようにして。その方がずっと楽に生きられるから。

**【お金との関係】**お金の問題を抱えがちなところがあるの。お金にブロックがあったり、十分な収入を得られなかったり。給与面で正当な評価をされていないと感じたり、遺産や借金の問題でもめたりすることも。お金との健全な関係を作ってね。お金を嫌わず、求めすぎず、恐れず、汚いものと思わない。払うこと、払ってもらうことに、違和感を持たない。入ってきたら、出ていくものだということを忘れずに、適度に使い、適度に貯蓄して。

**【父親】**父親との関係は要注意。関係をこじらせると、あなたの生活全般に、負の影響を残すことがあるので気をつけて。くっつきすぎず、離れすぎず、平和な関係でいるのが目標よ。闘争心と競争意識にも気をつけて。それが、自分の背中を押す原動力になっていれば、問題はないわ。ただ、それがストレスになったり、劣等感の原因になっているのなら困りもの。戦う相手は、自分自身だけ。「あの人」ではなく、自分に負けなければいいの。

**相性の良いナンバー**

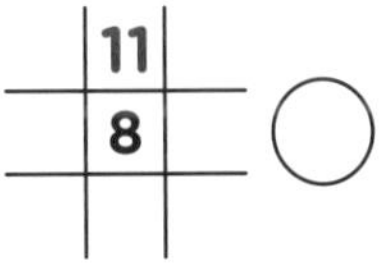


自分の力を過信するレッスン「8」。ソウル「11」がゆだねることを教えてくれるわ。

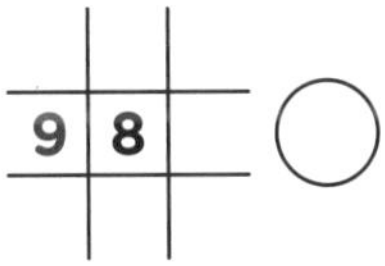


熱くなりすぎるレッスン「8」。コア「9」の落ち着いた性質が熱冷ましに。

**要注意なナンバー**

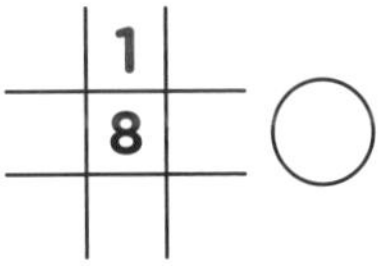


ボス体質のレッスン「8」と、我が道を行くソウル「1」。ジャイアンになる可能性も。

Lesson Number!!

9

# レッスンナンバー「9」

## 「すべてを知りたい？　知的好奇心の暴走に気をつけて」

**【知識欲の暴走】**　あなたは、知的好奇心が旺盛で、いろいろなことに興味がある人。あれも、これも、すべておもしろそうだとネットで調べたり、本を読んだり、講座に参加したりと、ありとあらゆることを学ぶの。「知る」ということが大好き。知識欲にまかせてリサーチを続けていると、頭の中は超がつくほどの多忙に。思考はあっちへ行き、こっちへ戻りと一カ所に定まらず、集中できなかったり、そもそも何を学びたいのかも、わからなくなったり。

**【スピード感】**　頭のよさや理解力はあなたの強みだけど、だからこその困った問題も発生するの。本を読んだり、調べたりしている最中はいいの、あ、そういうことなのねと、そのときは全部「わかって」いるから（わかった気満点よ）。ただ、記憶に定着する前に、消えてしまう。理解のスピードが早すぎて、脳に刻まれる前に「上滑り」するみたいに忘れちゃうのね。だから、あえて脳

**レッスンナンバー「9」を読み解くキーワード**

知的好奇心の旺盛さ、
理解は早く、忘れるのも早い、
過度の断捨離と切り捨て、
心の奥に眠る執着、他者の排除

の働きをゆるめ、ゆっくり学んでほしいの。

**【密かな執着】**さっぱりとしたドライな気質のあなたは、何でも手放せる人。人やもの、思考やアイデアも、いらないと思ったらすぐ「さよなら」。断捨離も得意で、必要なければすぐにゴミ箱行きで、あと腐れなくバイバイ。ただ、心の奥底には、自分で気づいていない執着があることも。表面的には何でもすぐに手放せても、心の中には、捨てたいのに捨てられないもの、ひそかに自分を縛りつけているものがないかしら。

**【山を下りる】**誰かといっしょにいるよりも、ひとりが好き。知恵を愛し、学びはライフワーク。ただ、探求に没頭すると、山の上でひとりたたずみ、下界を見下ろす仙人のようになっちゃうの。あなたが歩んでいる道を極めるための、時間と努力は必要なこと。ただ、夢中になりすぎて、他者の存在を忘れたり、面倒だと思わないで。まわりにいる人たちは、あなたが「山の上」から降りてくることを心待ちにしてるのよ。

**相性の良いナンバー**

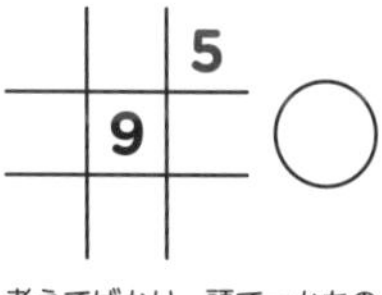


考えてばかり、頭でっかちのレッスン「9」。ギフト「5」が現実感を与えてくれるわ。

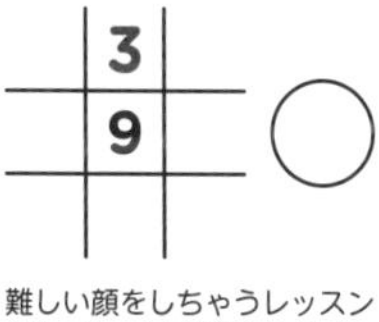


難しい顔をしちゃうレッスン「9」。もっと気楽でいいわよ、と言うのがソウル「3」ね。

**要注意なナンバー**

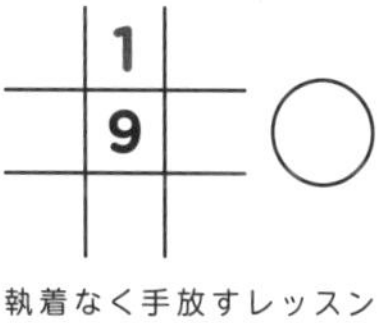


執着なく手放すレッスン「9」。ひとりでいるソウル「1」。人づきあいが課題に。

Lesson Number!! 10

# レッスンナンバー「10」

## 「自分へのダメ出し禁止。根拠のない自信のなさを手放して」

**【自信と不信】** 自分のどこかで「わたしは器の大きな人」と感じているのに、現実では、目立つことは苦手。がんばって大きく出ようとすると、今度は失敗しちゃう。あなたの課題は、自分を信じられないこと。特技があるのに、それを自信へとつなげられず、いつも心のどこかで「わたしってダメなんだわ」と、自分にだめ出しをしてるの。自尊心が低くて、そのまま小さくなっちゃったり、逆にがんばってみると、偉そうな態度になったり。

**【負の連鎖】** 理由もなく自分はイマイチだと決めつける「根拠のない自信のなさ」に苦しむのがしんどいところ。ただ、これは悪いくせなだけ。直せばいいの。自分はダメだと思っていると、そこに引き寄せの力が働いて、もっと自信をなくすような出来事が起こっちゃう。こんな悪循環の連鎖はすぐに、断ち切って。あなたができること、得意なこと、これまでやってきたこと。それは

**レッスンナンバー「10」を読み解くキーワード**

自分へのダメ出し禁止、
「根拠のない自信のなさ」からの卒業、
失敗を恐れすぎず、完璧を追求しない、
自尊心と自己肯定、母との健全な関係

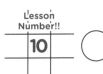

全部あなたのものだから、きちんと気づき、認めてほしいの。
**【失敗への恐れ】**「わたしにはできる！」というイメージがあるのに、実現に至らずイラ立つことも。あなたに必要なのは、忍耐力と失敗する勇気。完璧主義でプライドが高いあなたは、失敗を過度に恐れる傾向があるの。うまくいかないかも、という恐れがよぎった時点でゲームオーバー。もうやめるわと、すべてを投げ出すことも。でもね、完璧を追求しなくていいし、つまずくっていいことよ。あなたは自意識過剰ぎみだから、失敗が辛いというのはわかる。でも、いいのよ、自由に失敗して。
**【母親】**母親との関係にも注意して。あなたにとって、母親はとても重要な存在。その分、影響を受けやすいの。信頼関係と適切な距離が保てていれば、心配ないわ。でも、関係がスムーズでなかったり、心に引っかかっていることがあれば、昔のことでも闇に葬ってしまわずに、向き合ってみて。勇気がいるし、気が進まないかもしれないわ。でも、あなたが自分を信じて進んでいくために、必要なことなの。

**相性の良いナンバー**

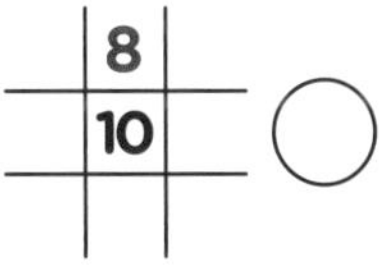


盛大に自信を失うレッスン「10」。パワフルなソウル「8」で自信を取り戻せるわ。

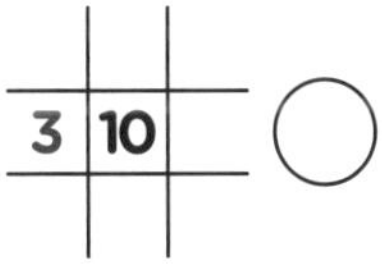


理想主義に走るレッスン「10」。コア「3」が身近な幸せを教えてくれるわ。

**要注意なナンバー**

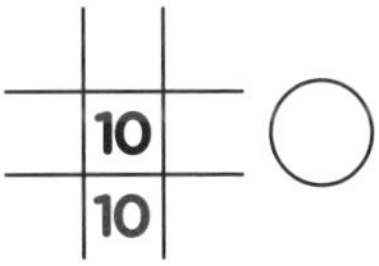


輝きたいレッスン「10」。ファンデーション「10」が支えられないと落ち込みも。

Lesson Number!! 11 ○

# レッスンナンバー「11」

## 「恐れず、嫌わず、受け入れて」

**【疑いの心】** あなたは、大いなるものとつながる人。目に見えないもの。現象世界、物質世界を超えたもの。スピリチュアル、神、運命。自然と宇宙。こういう力を、あなたは腹の奥のどこかで感じていると思うわ。ただ、パワーを感じ取っていても、スピリチュアルを信じきれなかったり、疑ってしまうことがないかしら。天からのスーパーパワーが必要なのに、どんな風に頼ればいいかがわからない、といういら立ちを感じることはない？

**【マイナスな感情】** 心配ごとや不安は人生につきもの。心配がまったくない生活なんて存在しないけれど、あなたにはそういうマイナス感情に、気持ちを揺さぶられすぎる傾向があるの。いったん心配し出したら、気になって仕方がなかったり、胸騒ぎをしずめられずに、夢にまで出てきたり。自然災害や事故などの「自分ではどうにもならないこと」に強い不安を感じることも。そんなネ

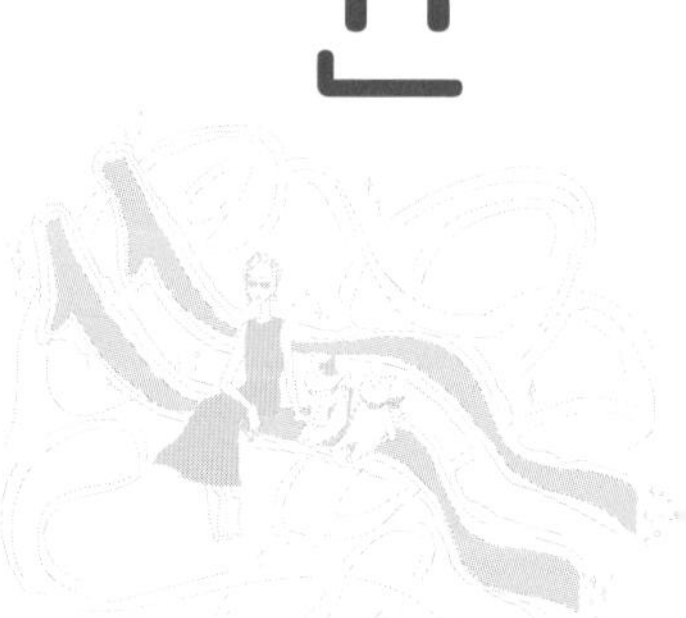

**レッスンナンバー「11」を読み解くキーワード**

スピリチュアルへの疑いと嫌悪、
浮き世離れ、地に足がつかない、
大きな不安、大切な人との関係のもつれ、
運命に翻弄される感覚

ガティブな気持ちに、頭の中全体が支配されると、とっても辛いわ。

**【つながりきれない】** 大切な人、愛する人とのつながりは、あなたにとても大事なもの。家族やパートナー、師やグルとの関係を大切にしたい、育てていきたいとあなたは願うの。でもなぜだか、うまくいかないということも。どこからか邪魔が入ったり、あなた自身の気持ちが離れていったり。一緒にいられたとしても、気持ちが満たされない自分に気づいて、悲しかったり、いら立ったりすることも。

**【正しい姿勢】** 大いなる流れ、スピリチュアルに身をゆだねると、浮世離れして地に足がつかなくなるし、目に見えないパワーに抗うと、今度は現実世界で足もとをすくわれる。「わたしは何に翻弄されてるのかしら……」と思うことも。でも、悩みすぎないで。身に起きることが天からの罰則のように感じられても、それはすべて、あなたの人生の学び。何が起きても受け入れ、「そうなのね」とその体験から学べばいいだけ。これが、人生であなたが培うべき唯一の姿勢よ。

**相性の良いナンバー**

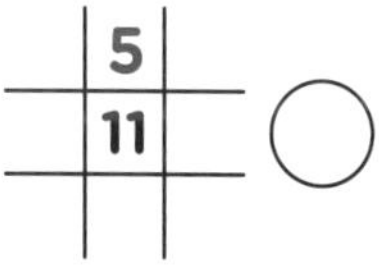


レッスン「11」の不思議な感覚や思いを、ソウル「5」が五感でとらえられる形に。

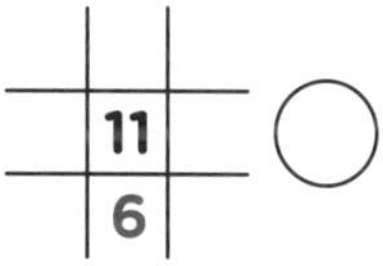


ファンデーション「6」の祈りで、姿形のない「11」のエネルギーを感じられることも。

**要注意なナンバー**

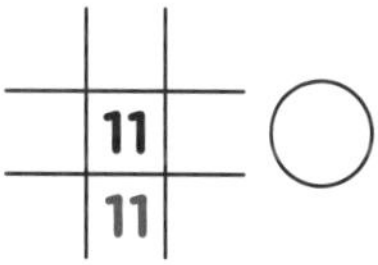


ふわふわと現実感のないレッスン「11」。ファンデーション「11」で強まることも。

Select Number.03

医学者

# 山中伸弥

(1962年9月4日生まれ)

| | | | |
|---|---|---|---|
| 3 | 4 | 8 | |
| 9 | 9 | 9 | ④ |
| | 4 | 8 | |

山仲伸也さんは、日本の医学者で、2012年に、iPS細胞の研究でノーベル賞を受賞されているわ。メディアに出ることも多く、超がつくぐらいの有名な学者だけれど、そんな山仲教授はどんな数字を持っているのかしら?

まずは、自分の本質を示す数字から。山仲教授はソウルナンバー「4」。まじめで几帳面な性格で、冷静な観察眼の持ち主であることが読み取れるわ。「観察する」とは、ものごとをありのままに見ることだけど、これは、サイエンスに欠かせない目線ね。対象を自分から切り離し、あくまでも客観的に観察するのが科学。こういう「4」の視線を、教授は生まれながらに持っているのね。

教授の支えとなる数字、ファンデーションナンバーも4。「客観的に見る」という科学者としての態度は、幼少のころからあったのね。理科の観察なんかは大得意だったはず! 「4」は落ち着きの数字だから、感情も静かで、取り乱したりすることのない、冷静なマインドの持ち主だということもわかるわ。「4」の論理的な思考力も、研究者としてのキャリアの底上げになったのでしょう。

課題を示すレッスンナンバーが「9」。知的好奇心と学習意欲にあふれる数字だけれど、レッスン「9」の困った点は、飽きっぽいところ。しばらくは夢中でも、じき飽きて、興味が別のものに移っていってしまうの。iPS研究が世界的に評価されている山仲教授だけれど、この道に入るまでは紆余曲折があったはず。途中でやめた研究もあるんじゃないかしら。「9」は研究者の数字でもあるの。山仲教授にとって研究者人生そのものが、課題と学びの連続なのね。

第一印象を示すプロジェクションナンバーは「3」。確かに、山仲教授にはフレンドリーで親しみやすい雰囲気があるわ。ただ、実際の本人を表すコアナンバーは「9」。レッスンナンバーと同じ数字だけれど、こちらはもっといい「9」なの。ひとつのことに集中し、徹底的に極めるという、ザ・研究者。コア「9」の勢いが強まるのは27歳ぐらいだけれど、山仲教授が医師をやめ、研究に専念するようになったのも、ちょうどそのあたり。数字の流れに乗っているところもすごいわ。

ギフトナンバーとアセットナンバーが「8」。山仲教授がとてもタフな人だということが分かるわ。目的に向かって寝食を忘れて取り組み、失敗からも必ず何かをつかみとる強さ。長時間の研究を苦にもせず、エネルギーを切らさずに没頭できる超人的なパワー。辛抱強さ、忍耐力と、情熱。受賞したノーベル賞は、こうしてエネルギッシュに日夜研究を続け、研さんを積むことが生み出した成果なのだということを、数字は教えてくれているわ。

# 第3章

# Foundation Number

# ファンデーションナンバー

～あなたの支えとなる数字～

Foundation Number!!

# ファンデーションナンバー

Foundation Number

## 縁の下の力持ち、困ったときに、あなたを助けてくれる数字

ファンデーションナンバーは、あなたの支えとなる数字。人生の土台であり、困ったときにサポートしてくれる、あなたの味方なの。チャートの中央列の、一番下のポジションに入るこの数字は、いわば、あなたの「足もと」を示すナンバー。縁の下の力持ち的存在で、表だって出てくるというより、裏の方で静かにがんばってくれている数字。舞台だったら、裏方をつとめる小道具さん、みたいな感じかしら。

ファンデーションナンバーとの上手なつきあい方。それは「つかず離れず、ときどき思いやる」。他のポジションと同じように、数字の持つ性質については、よく知っておいてね。ただ、この数字にこだわりすぎる必要はないの。あなたらしさをいかすのは、ソウルナンバーやコアナンバー。ファン

**算出方法**

ソウルナンバー＋レッスンナンバー

例：ソウル「3」＋レッスン「4」の場合……「7」

ソウル「１０」＋レッスン「8」の場合

……１０＋８＝１８→１＋８＝「9」

**数字が出やすい年齢**

0歳〜18歳

デーションの数字は、不安定にならないように気にかけて。そして、ときどき思い出して、数字の様子を確認してみて。

　あなたの足もとを支える数字、ファンデーションナンバーが役に立つのはいつ？　それは「困ったとき」。ものごとがうまく進まない、というのは、レッスンナンバーが暴走していたり、ソウルナンバーが上手にいかせていなかったり、というサインでもあるの。そういう場合に、あなたを助けてくれるのが、ファンデーションナンバー。置かれた状況の中で、ファンデーションの数字は、どんな風にあなたを助けてくれるかしら。

　とにもかくにも、ファンデーションの数字は、安定させておくことが大事。これは、足どり軽く人生を進んでいくために、絶対よ。こだわりすぎなくていいけれど、普段から、数字を思いやるのを忘れずに。ただ、人生がうまく進んでいるときには、この数字はそれほど気にならないことも。それはそれでいいの、元気なときには、忘れちゃっていい数字だから。逆に、気になりだしたら、それは人生の何かがうまくいっていない、というサインなのかもしれないわ。

Foundation Number!! 2

# ファンデーションナンバー「2」

## 「大切な人からの支えと自分の足で立つ勇気」

**【支え】** あなたの支えとなるのは、強いつながりと結びつき。パートナーや親しい友人、家族や師は、悩んだり、迷ったりしているときの支えとなり、エネルギーを底上げしてくれるわ。そういう人たちとの関係は、困ったときだけでなく、普段から大事にして。人間関係は、意識的に育てるもの。会いにいく。定期的に連絡する。ごはんを一緒に食べる。こんな心がけと、おつきあいが大切なの。

**【足りないもの】** ものごとがスムーズにいかないときには、注意深く、慎重に、というのもカギ。うまく進まない理由はいろいろだけど、あなたの場合は「足りないものは何か」という視点から現状を観察すると、わかってくることがあるわ。ただ、それでネガティブ目線が強くならないよう気をつけて。「何がダメなんだろう?」ではなくて「何を補えばよくなるんだろう?」って考えるよう

**ファンデーションナンバー「2」の支えとなるもの**

つながり、結びつきへの憧れ、
依存心と所属欲、
内にある不足感、慎重さ、
注意深さ、不安と恐れ

にするといいわ。
【ひとり立ち】「ひとりでも大丈夫」。これは、困ったときのあなたのマントラ。まわりからのサポートはありがたいの。でも、もしかしてそれ、あなたひとりで対処できない？　あなたの問題になりやすいのは、スキルのあるなしではなく、メンタルの部分。精神的にぐらつくと、自動的に人に頼りたくなっちゃうの。もちろん、自分だけでは無理、というときには、人の助けを借りるのが鉄則。けれど、案外ひとりでも大丈夫っていう場合も多いのよ。
【スピリチュアル】あなたが、スピリチュアルな存在に頼ることができるなら、それはきっと、大きな支えとなるはず。物質的な世界を超えた、巨大な宇宙のエネルギーの流れに身をまかせてみて。きっとこれまでと違った人生観が生まれてくるわ。「自分」という小さな存在の中にとどまらず、もっと大きなものに思いをはせたり、大きな流れの中の、小さな自分をイメージしてみて。すると、普通とは少し違った穏やかさと安らぎが生まれてくるはずよ。

**相性の良いナンバー**

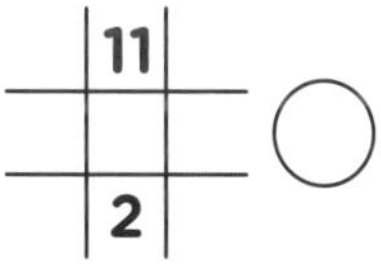


天とのつながりの数字「11」が、ファンデーション「2」の人との関係を強めるわ。

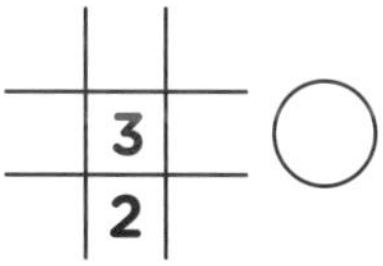


楽観的な「3」の性質が行きすぎないよう、慎重なファンデーション「2」が見張りに。

**要注意なナンバー**

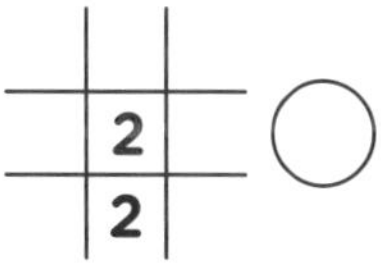


レッスン「2」のひとりでいたい気持ちが強すぎると、つながりの「2」に悪影響も。

Foundation Number!! 3

# ファンデーションナンバー「3」

## 「子どもみたいに罪悪感なく、楽しめる？」

**【ポジティブマインド】** あなたの支えとなるのは、ポジティブ思考。まずは、ものごとの「いい面を見る」、「いい風に考える」という習慣をつけて。本音は「イマイチだなぁ」でも、頭の中を「いいとこ探し」にすぐに転換。しばらくすると、自然にポジティブ脳になってくるのが不思議。前向きな態度って、万能な薬みたいなもの。少しの気分の沈みなら即座に解消されるし、同じ風景もより明るく見えてくるから。ホントよ。

**【気分転換】** 仲間や友だちの存在は、とっても大事。気分が上がらないな、沈みがちだな、と思ったら、友だちと集まるといいわ。目的がなくてもいいの。会ってごはんを食べるとか、おしゃべりをするとかで十分なの。そこで流れる気楽な空気が気分転換になって、元気を取り戻せるから。笑いも大切。お笑いでも、漫画でも、おもしろい人の話でも、涙が出るほど笑えるもの、あなたは

**ファンデーションナンバー「3」の支えとなるもの**

ポジティブ思考、仲間、友人、
笑い、クリエイティブな表現、
自由な発想と遊び、
楽しむこと、ワクワク感

何か持っている?

**【創造する】** あなたのマインドの創造性を呼び起こして。絵を描く、作品を作る、演じるなど、あなた自身の表現ツールを使って、好きなことをやってみるといいわ。こうしよう、ああしよう、と深く考えず、子どもが公園で遊ぶように、自由に表現してみるの。テーマは「無計画に楽しく遊ぶ」。仕事にしよう、なんて考えないでいいの。あなたの中のクリエイティブなエネルギーを停滞させず、動かしてあげるだけで十分よ。

**【ワクワクが大切】** 何よりも楽しむこと。がんばるのも、努力するのもいいけれど、やっぱり人生は楽しくないとね! 人を助けることも大事だけど、自分のことも忘れないで。あなたが心から楽しめるものは何? パーティーでもコンサートでも、食べ歩きでも哲学書を読むことでも、あなたの心がワクワクすることを、衣食住のように、生活の中に組み込んで。なまけてるとか、遊んでばっかりとか、そういう罪悪感は無用。楽しいって人生の核になるエッセンスなのよ。

**相性の良いナンバー**

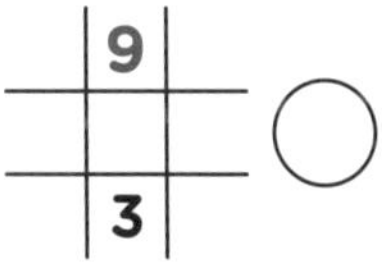


孤高の人になりがちなソウル「9」。ファンデーション「3」が楽しむことを教えてくれる。

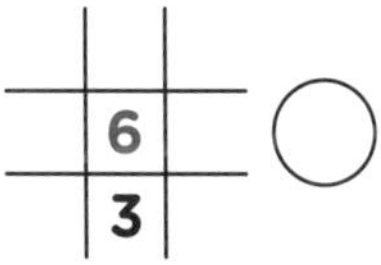


繊細な心を持つ「6」。思い悩んだときには「3」の前向き思考が支えてくれるわ。

**要注意なナンバー**

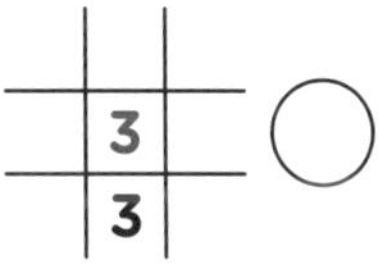


自由で川や風のように流れていく「3」がふたつ。大洪水にならないよう注意して。

Foundation Number!!
4

# ファンデーションナンバー「4」

## 「生活上の決まりごとを守り、計画通りの行動を」

**【マイルール】**「生活上の決まりごと」を作ると、多少の波風が立っても惑わされず、落ち着いていられるわ。たとえば、朝は○○時に起きる、ネットのゲームは入浴前の時間にする、イライラしたらチョコレートを食べる、など。自分の生活のクオリティがあがるようなシンプルなルールを作り、できる限り守るようにしてみて。すると、困ったときに、逃げ込めるスペースができて、穏やかな気持ちを保つことができるから。

**【計画性】**計画はきっちりめに立て、行き当たりばったりの行動は避けるようにして。先の見通しと、ある程度の予測を持ちながら行動していく方が、あなたには合っているの。予定がころころ変わるような環境だと、ひとつひとつの変化に対応するために、多大なエネルギーを消費しちゃう。絶対に計画通りと気負う必要はないけれど、基本は「決めた通り」にものごとを進めていくのがあ

**ファンデーションナンバー「4」の支えとなるもの**

生活上の決まり、シンプルなルール、
計画やスケジュール、
全体を見渡す広い視野、観察する視線、
瞑想、客観的に見ること

なたには合っているわ。

**【広い視野】**ビルの屋上から周りを見渡すと、景観全部が目に入ってくるわよね。あなたには、こういう広い視野を育ててほしいの。ひとつの面だけから見るのではなく、いろいろな面から見る。いいところや、悪いところだけに注目するのではなく、その両方を見る。イラ立ったり、不満が大きかったりするときには、「全体を観察する目」が欠けているはずよ。高いところから全体を見渡すようなイメージで、ことの全貌を見つめてね。

**【瞑想】**瞑想はあなたに絶対おすすめ。短時間でもいいので、日々の習慣にしてほしいわ。瞑想は、マインドを変えたり、コントロールしたりせず、ありのままに見つめる作業。何も考えていなくても、マインドには、いろいろな考えや思いが渦巻いているわ。それを客観的に見つめるのが、瞑想の目的のひとつ。心が強くなって、精神状態がいまいちなときにも、パニックを起こしたり、取り乱したりしなくなるわ。

**相性の良いナンバー**

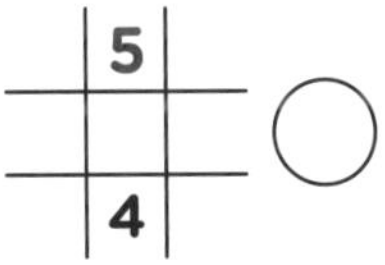


ソウル「5」の行動力をファンデーション「4」の計画力が支えるいい組み合わせよ。

**要注意なナンバー**

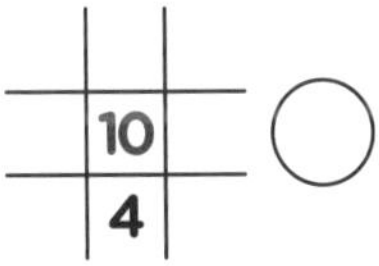


自信を失うと落ち込みの激しいレッスン「10」。「4」の冷静さが支えてくれるわ。

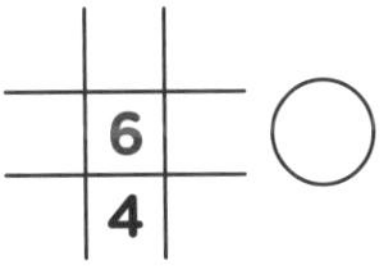


レッスン「6」の心の揺れが激しいと、ファンデーション「4」の思考力も共倒れに。

Foundation Number!! 5

# ファンデーションナンバー「5」

## 「考えているだけではいいことなし。まずは行動よ」

**【行動する】** まずは動く。考える前にやってみる。悩むのはその後。困ったら、こういう姿勢を思い出して。調子がイマイチなときって、頭でっかちになっていて、目の前の現実が見えていないの。脳の中で思考がぐるぐるしてるだけ。そんなときこそ勇気を出して、一歩踏み出してみて。大切なのは、先へ進むための小さなステップ。それはＬＩＮＥのメッセージかもしれないし、プリンターを買いに行くことかもしれない。何でもいいの。まず、行動を起こして。

**【ネットワーク】** 人とのつながりを大切に。「こんにちは」とあいさつするぐらいの関係も、あなたの大きな財産なの。最終的には、学校の先生、金融マン、サーファー、子育てママ、数秘学マダムまで、あなたのネットワークを広げていくのが目標。持っている人脈をたどって、どんな人ともつながることができたら、怖いものはないはず。普段から、連絡先の交換はなまけずに、名刺も必

**ファンデーションナンバー「5」の支えとなるもの**

まず動く、行動する、やってみる、
ネットワークを作る、変化を受け入れる、
エクササイズ、体のメンテナンス、
オンとオフの切り替え

ず持ち歩いて。

**【受け入れる】**変化が起こったら、素直に受け入れて。体や思い、あなたを取り巻く環境も、すべては変わり続けているもの。「現状維持」ですら、実際のところは、日々の小さな変化の集まりなのよね。世の掟ともいえる「変化」。これを自然に受け止める寛容さを、意識的に育んで。変化を恐れずに、未知の世界に出会うツールとして受け入れる。それを楽しめるようになれば、あなたは無敵。ゆるぎない精神の安定が得られるわ。

**【ボディケア】**体は人生全体を乗せて走る、尊い乗り物。生活は体なしでは存在しえず、肉体が修復不可能なまでに壊れてしまったら、わたしたちも（いったんは）終わりを告げるの。体を慈しむことは、人生そのものを慈しむこと。だから、あなたに合った方法で、メンテナンスをするようにして。適切な生活習慣と、日々のエクササイズ。オンとオフの切り替えも大事。あなたの心がけ次第で、体という乗り物は、美しくも、頑丈にもなるわ。

**相性の良いナンバー**

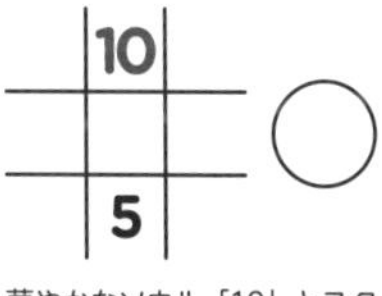


華やかなソウル「10」とスター性のファンデーション「5」。きらきら輝けるわ。

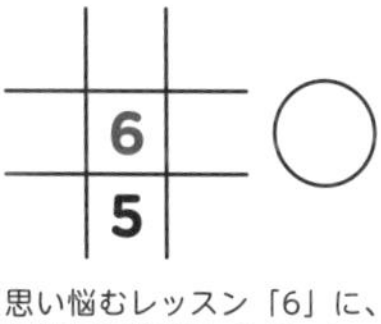


思い悩むレッスン「6」に、行動力のあるファンデーション「5」は最強の支えに。

**要注意なナンバー**

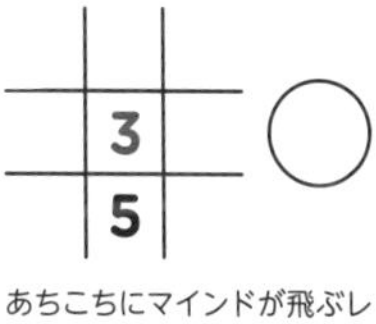


あちこちにマインドが飛ぶレッスン「3」。ファンデーション「5」も行動に迷うかも。

Foundation Number!!
6

# ファンデーションナンバー「6」

## 「心さえ決まれば、怖いものなしよ」

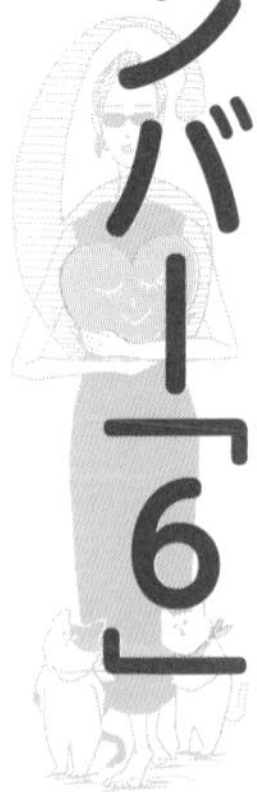

**【好きか嫌いか】** 好きなことをする。そして、好きでないことはやらない。これがあなたの最強の支え。何を選んでも、嫌いなところは必ずあるけれど、続けるか、やめるかの境目は、本質的なところで、それを「好きか、否か?」というところにあるの。ただ、大きなくくりでの「好き」に小さな「嫌い」が混ざっていても、それは仕方のないこと。そういう場合は、人生によくある試練だと思って、逃げずに向き合って。

**【心のままに】** 心の思いも、心で感じたことも、心の奥底にある気持ちも、すべて「あなたそのもの」。思いと現実とのギャップを感じたり、理性が介入したりすることもあるけれど、あなたがまず大事にすべきなのは、心で感じる気持ちなの。漠然としていたり、非現実的だったりする、心からの情報。あなたに必要なのは、心の思いを疑わない、というトレーニング。料理や日曜大工を

**ファンデーションナンバー「6」の支えとなるもの**

好きなことをする、
心の思いと声を信頼する、
家族とくつろげる家、
決意、コミットメント

学ぶように、思いや気持ちをまるごと尊重する訓練をつんで。

**【くつろげる居場所】** 家族は、どんなときも、あなたの支え。ただ、血縁にこだわらないで。血のつながりにかかわらず、家族的な関係は存在するから。いっしょにいるだけでリラックスできる間柄、心が落ちついて、癒される人たちとの関係は、あなたの存在の根本にあるもの。ただ、家族といえども、いい関係を築くには努力が必要。ちょっとした気づかいの積み重ねが、つながりを作るの。家が心地よく、くつろげる場所であることも大切よ。

**【決断する】** なかなか心が決まらずに、迷ってしまうことも多いけれど、そんなときこそ、決意をする勇気を持って。ぐらついた心だと、問題も解決しないし、迷っていても何も生まれない。確固たる決意を持ってはじめてあなたの行動力は高まり、ものごとが進み始めるの。それに、心が決まっていたら、たとえ進んだ道が間違っていても、後悔ってしないもの。いい経験だったって、自然に思えるから、とにかくにも「決める」勇気を育てて。

**相性の良いナンバー**

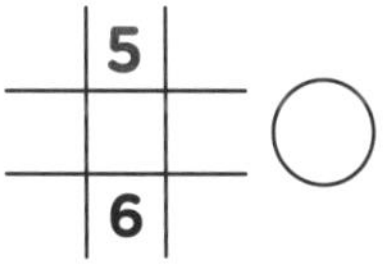


ソウル「5」の表現力に、感性と美意識を加えるのがファンデーション「6」。

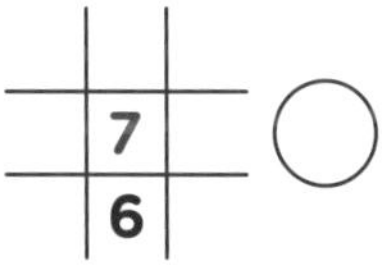


心のうちをうまく伝えられないレッスン「7」。「6」で心の思いを感じとれるわ。

**要注意なナンバー**

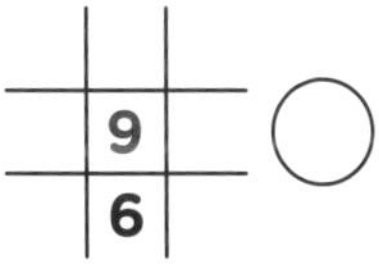


なんでもすぐに手放すレッスン「9」。「6」の心のパワーも役立たずってことも。

Foundation Number!! 7

# ファンデーションナンバー「7」

## 「他者との境界線をはっきりと。自分の空間を大切にして」

**【コミュニケーション】** あなたの支えとなるのは、コミュニケーション。これは、お互いに対等な立場で、意思や感情を伝え合うこと。そのためのポイントは2つ。1）自分が何を言いたいのか知っていること。2）独りよがりにならずに、相手を気づかう気持ちを持つこと。困ったときこそ、相手を思いやりながらも、自分の気持ちを率直に伝えて。疑いや、それが生み出す不信感を内側で募らせないでね、いいことは何もないから。

**【場の力】** 空間を整えて。特に、長時間を過ごすスペースは心地よい場所にしてね。あなたは、場の持つエネルギーに敏感。土地や建物との相性も大事なので、引っ越しなどで住居が変わるときには、自分に合った物件を選んで。家の中のデザイン、間取りなども、心に大きく影響するので、風水などに頼るのも方法かも。部屋やクローゼットは、つねに整理整頓を。片づいた空間からは良

**ファンデーションナンバー「7」の支えとなるもの**

コミュニケーション、対話、空間を整える、片づけ、風水、ひとりの時間、陰ヨガ、黙想、瞑想、他者との適切な距離

い気が生まれ、安心感も高まるの。
**【離れる】**ひとりになる時間を持つのも大事。特に、雑多なエネルギーを浴びた後には、ひとり静かにすごすことで、リセット機能が働いて、悪い気が浄化されるわ。リトリートもおすすめね。日常生活から物理的に離れることで、内側を観察する余裕ができて、さまざまな気づきが生まれるわ。調子がいまいちだな、と感じたら、陰ヨガや瞑想を。特に「黙想」と呼ばれる、問いかける瞑想は、心の内に何があるのかを教えてくれるの。
**【自分の聖域】**境界線をはっきりさせること。他者に入ってこられたくない、自分の領域を大切にしてね。あなたにとって、それは聖域ともいえるスペースなの。適切な境界線がどこなのかは、自分にしか分からないもの。試行錯誤しながら見つけていくといいわ。物理的な距離をとることは、自分を守ることにもつながるの。まわりから、受け取りなくない気をたくさん浴びて、疲れてしまう、ということもなくなるわ。

**相性の良いナンバー**

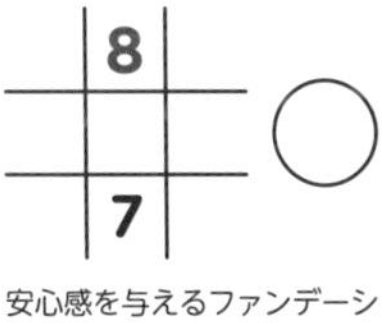


安心感を与えるファンデーション「7」。ソウル「8」の実行する力が高まるわ。

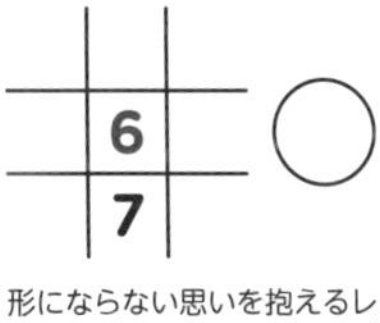


形にならない思いを抱えるレッスン「6」。それをファンデーション「7」が声にするの。

**要注意なナンバー**

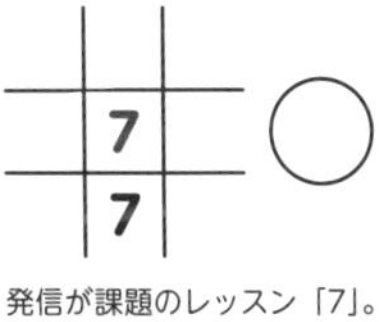


発信が課題のレッスン「7」。ファンデーション「7」までひきずられることも。

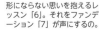

Foundation Number!!
8

# ファンデーションナンバー「8」

## 「ゴールに向かう感覚を持って」

【目標】どんな時にも、目標やゴールを持っていて。小さくてもいいし、その日、その週限定の目標でもいいの。そこに向かっていくこと自体が、エネルギーを生み出すから。やる気や情熱といったメンタルなパワーも大切。それさえあれば、大抵の問題は乗り越えていけるはず。そのときあなたが携わっている仕事や学びに精力的に取り組めていれば、生活は全般的に安定。生きることそのものにパッションがあれば、怖いものなしよ。

【お金との関係】金銭面が安定している、というのも支えのひとつ。ただ、これは高収入を得ている、実家にお金がある、ということではないの。お金ってないと困るけど、あったらあったで問題にもなる、取り扱いが厄介なもの。大事なのは、金額の大小ではなく、使って稼ぐ、稼いで使う、というお金の流れ。行きすぎた浪費癖や、節約癖があるのなら気をつけて。早めの改善をおす

**ファンデーションナンバー「8」の支えとなるもの**

目標やゴール、パッション、
金銭面の安定、お金のフロウ、
忍耐力と根気、精神力
男性、父親

すめするわ。

**【不屈の心】** 何ごともあきらめず、ねばり強く取り組む忍耐力と根気。昭和な表現を使うと「ど根性」かしら。こういう精神力は、あなたの存在を底上げするわ。批判、中傷を受けても折れない強い心。嫌だなと思ったところから、もう一度がんばれるパワー。疲れても、もう少しやってみようというタフさ。もうやめようかな？　という言葉が頭をよぎったら、それはもう少しやりなさい、という意味なのかも。

**【鍵は男性】** 男性の存在が支えとなることもあるわ。友人、パートナー、先生など、困ったときに支えとなる存在はいる？　父親との安定した関係は特に大切。ただ、助けてくれるからといって、依存しすぎないで。サポートしてもらっていても、お互いリスペクトし合っている、という間柄が基本なの。相手が困ったときには、あなたの方も全力で手助けする、という覚悟を持っているようにして。

**相性の良いナンバー**

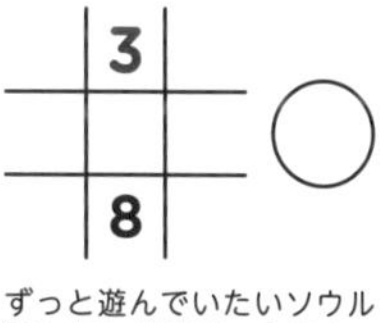


ずっと遊んでいたいソウル「3」。「8」が働け！　と気合いを入れてくれるわ。

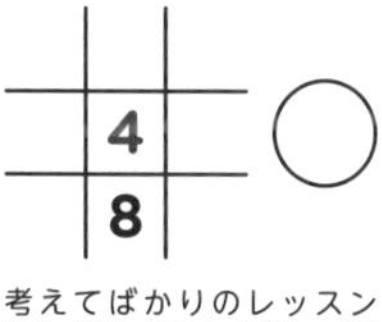


考えてばかりのレッスン「4」。「8」が背中を押して行動へと駆り立ててくれるわ。

**要注意なナンバー**

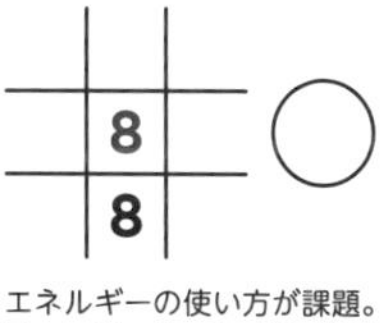


エネルギーの使い方が課題。ファンデーション「8」が支えきれないことも。

Foundation Number!! 9

# ファンデーションナンバー「9」

## 「知識を育て、直観力を高めて」

**【深い学び】**あなたの支えとなるのは、学びと自己研さん。読書やリサーチ、情報収集を通して、集中的に学びに向かうと、心も落ち着いてくるはずよ。知的好奇心が強いあなただけど、いろいろなものを同時に〝かじる〟のではなく、ひとつのものを学び続けるのがおすすめ。ヨガ哲学を勉強するのにも、料理を学ぶのにも10年かける。こうしてあなたの一部となった知恵は、いつ何時も、あなたを助けてくれるわ。

**【直観力】**直観力を鍛えることも大事。突如としてどこからかやってくる声やメッセージ。理論好きな脳にとっては、いきなり信じるのはかなり不安。ただ、直観力って、筋肉をトレーニングで強くするように、鍛えることができるのよ。方法はシンプル。直観に従って行動する、それだけ。１００％確実、というのはありえないから、外れることもある。それでも、いつも直観の声に耳

**ファンデーションナンバー「9」の支えとなるもの**

マスターからの学び、
こだわらず、捨てすぎず、
知的好奇心と自己研さん、直観力、
１つを徹底的に学ぶこと

を傾けて。

**【手放す】**こだわりすぎないこと。ただし、こだわりがなさすぎて、すべてを放り投げるのは、それはそれで困るのよ。大切なのは「執着」と「手放し」のバランス。執着しすぎると、重くなる。手放しすぎると、冷淡な人に。不要なものは潔く送り出し、必要なものは手元に置いておけばいいの。手放す、というのは、手を放すこと。それでもあなたから離れていかないものは、それはあなたに必要なのかも。無理やり捨てようとせず、受け入れてね。

**【本物の師】**学びへの意欲が強いあなた。ただし、ここで注意すべきポイントがあるの。それは「マスターから学ぶ」ということ。ちまたには、先生と呼ばれる人がたくさんいるけれど、みんなが「真の知恵」を授けてくれるわけではないの。もちろん、その先生たちには、それぞれの役割があるから、ダメってわけではないわ。ただ、あなたは、マスター・ティーチャーから学ぶべき。時間がかかっても、そんな先生との出会いを探して。

**相性の良いナンバー**

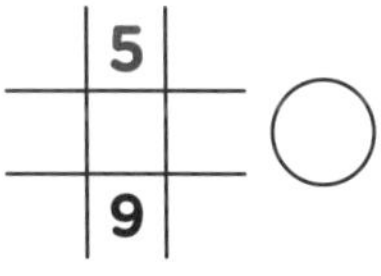


いろいろな経験を積みたいソウル「5」。ファンデーション「9」で知識と知恵が身につく。

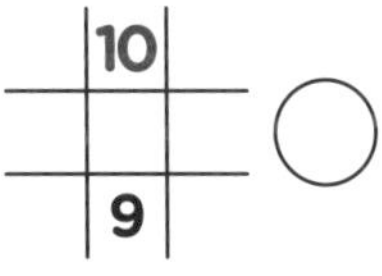


自信を持って進むソウル「10」。道に迷ったときには、「9」が助言をくれるの。

**要注意なナンバー**

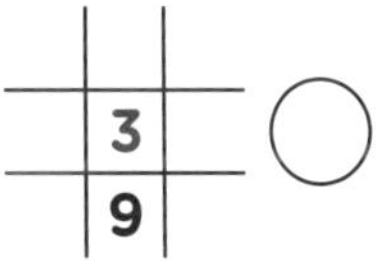


自由奔放なレッスン「3」。ファンデーション「9」も一緒になって流れてしまうことも。

Foundation Number!!
10

# ファンデーションナンバー「10」

## 「自分自身のリーダーに。自分を引っ張り、導いて」

**【自分の道】** あなたにまず大切なのは、自分の人生を自分で進んでいく、という強い意思を持つこと。助けてくれる人も、導いてくれる人もいる。外の世界から影響も受けるわ。それでも、最終的にどんな道を進むのかは、あなた自身が決めることなの。自分自身を引っ張るリーダーになる、というのが、人生との正しい向き合い方。どんなときにも、強い気持ちを持って、自分の道を進むことが大事なの。

**【明確なヴィジョン】** わたしはどこへ向かっていきたいの？　心から望んでいるものは何？　迷いが生まれてきたら、こんな風に問いかけてみて。仕事でも学びでも、ちょっとした趣味でも、作業そのものに忙しくなると、「なぜ」そうしているのかがわからなくなっちゃう。漫然と、ただ同じことを繰り返す、という生活だけは、絶対に避けて。あなたには、どんなときにも、最終的に行き

**ファンデーションナンバー「10」の支えとなるもの**

強い意思、自分自身を導くこと、
ヴィジョン、ゴール、
勇気を鍛える練習、
母親との関係

つく先をクリアにイメージしていてほしい。つねに、ヴィジョンを持っていてもらいたいの。

**【恐怖に勝つ】**もう一つ大切なこと。それは「勇気」。ためらう気持ちの奥には、恐怖が隠れていることも多いわ。でも、恐れる気持ちに負けないで！　普段から、小さな勇気を出して行動することを習慣にするといいの。たとえば、新しいことをはじめる。講座に出てハイ！　と手を挙げて質問する。相手に屈せず、自分の主張を通す。ためらいは、恐怖の気持ち。勇気を出して一歩前へ出る練習をしてね。

**【母親との関係】**母との関係には注意が必要。仲良くできているのなら、あなたのお母さんは、いろいろな形で支えとなってくれるはず。普段から電話をしたり、会いに行ったりするようにして、それが二人の関係を強めるから。関係がスムーズでないなら、少し努力が必要かも。まずは、あなたにとって母親がどんな存在なのかを、丁寧に確認していくといいわ。そこから見えてくるものが、きっとあるの。

**相性の良いナンバー**

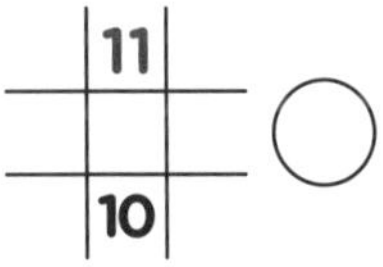


大きな力に導かれるソウル「11」。「10」で自分の持つ力も忘れずにいられるわ。

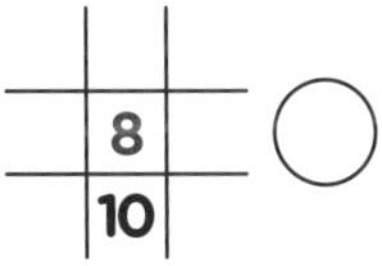


熱くなりがちなレッスン「8」。自分の道をいく「10」が落ち着きをもたらすわ。

**要注意なナンバー**

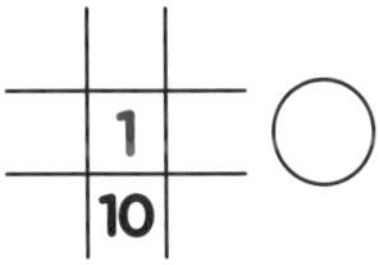


自分の殻に閉じこもるレッスン「1」。「10」もいっしょに閉じこもってしまうかも。

Foundation Number!! 11

# ファンデーションナンバー「11」

## 「人間は宇宙の一部。空との結びつきを忘れないで」

**【天とのつながり】** あなたの支えとなるのは、スピリチュアルな存在とのつながり。神、天、宇宙とどこかでつながっている感覚を「科学的じゃない」と否定したりせず、いつも、素直に感じ取っていてほしいわ。これは、はっきりわかっていないけれど、どこかで確実に働いている力だから。天からのメッセージを受け取り、宇宙の流れに乗って生きていけば、不安はなくなるわ。そして、穏やかな気持ちで生きていけるの。

**【宇宙の一部】** どんなことが身に起こっても、受け入れる姿勢を育んで。抵抗したりコントロールしたりせず、流れに身をまかせるの。人間は誰でも、自分という存在をはるかに超えた、大きな流れの一部なの。あなたなら、この意味がわかるはず。大いなるもののエネルギーのうねりを、腹の底でいつも感じていて。忘れそうになったら、思い出して。毎日、思い出して。これはあなたが

**ファンデーションナンバー「11」の支えとなるもの**

スピリチュアルとのつながり
受け入れ、ゆだねる姿勢
友人、師、ペット、愛する人とのつながり
自然から得られるパワー

すべき、人生の修行なの。

**【宝物のような存在】**友人や先生。愛する人。大好きな猫や犬。こんな存在との強いつながりは、どんなときにも、あなたを支えてくれるわ。長い間つきあっていると、その関係は不思議とスピリチュアルな空気を帯びてくる。間柄が深まれば深まるほど、そのエネルギーはどんどん強くなり、物理的な関係を超えた、精神的なものになっていくわ。あなたの存在の奥深いところ、腹の奥に大きく広がる世界を感じてみて。そこがあなたの魂が宿るところよ。

**【自然】**自然に親しむ機会を持ってね。それも、できるだけ多く。自然とは「人間が作らなかったもの」、「意識が入っていないもの」、「純ナチュラル製のピュアなもの」。情報にあふれた脳偏重の世界だからこそ、ただ存在している、というものに触れていて。デジタルにまみれた体がリセットされて、言葉では言い表せないパワーが得られるから。すると、忘れかけていた大切なものを思い出し、再び、つながることができるわ。

**相性の良いナンバー**

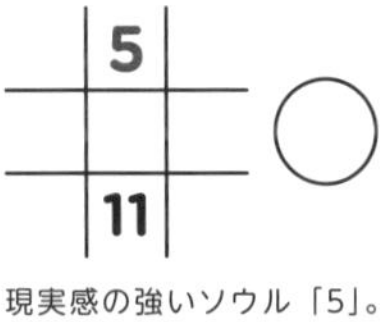


現実感の強いソウル「5」。「11」が現象世界を超えた存在を思い出させてくれるわ。

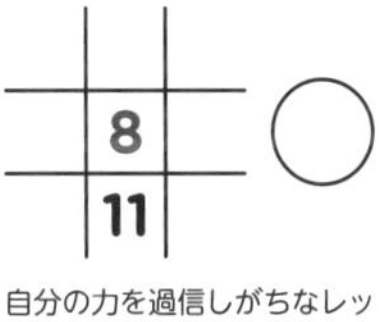


自分の力を過信しがちなレッスン「8」。「11」が人知を超えた力のリマインダーに。

**要注意なナンバー**

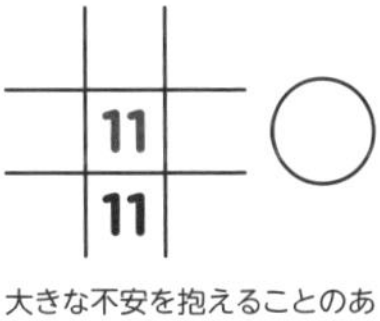


大きな不安を抱えることのあるレッスン「11」。ファンデーション「11」で増幅も。

Select Number.04

聖人、修道女

# マザー・テレサ

(1910年8月26日生まれ)

| | | |
|---|---|---|
| 9 | 8 | 10 |
| 10 | 8 | 2 |
| | 7 | 3 |

⑨

一生を尽くして、貧しい人を助けたマザー・テレサ。今でも、愛と優しさ、というと、マザー・テレサの名前が浮かんでくるぐらい、大きな影響力を持っているわ。そんな彼女の生年月日の数字からは、何が読み取れるのかしら?

自分の本質を表すソウルナンバーは「8」。慈愛に満ちた人、というイメージのマザー・テレサだけれど、実は、パワフルでタフな人だってことがわかるわ。やると決めたら必ずやり遂げる強さと、困難や障害に負けずに、目的に向かって動き続けるエネルギー。ギリギリの状況で実力を発揮できる強靭な心。厳しさと、優しさの両方を持った、スケールの大きなことに挑戦できる人でもあるわ。

マザー・テレサのチャートの特徴は、自分らしさのソウルと、課題のレッスンの数字がともに「8」だということ。これは、「8」のいい面とそうでない面を両方経験すること。レッスン「8」から読み解けるのは、彼女の人生全体が、貧困や権力との大きな戦いであったこと。負けず嫌いで勝気なところがあるけれど、挫折を感じたり、打ちのめされたりして、きっと苦しんだはず。そのたびに、全身を使って起き上がらなくてはいけなかったの。

プロジェクションナンバーは「9」で、聡明で知的な人という印象だけれど、実の彼女はコアナンバーが「10」。自らの姿を見せながら、人を引っ張っていくリーダーね。これ、母の数字でもあり、彼女は母親が子どもを見守るような、人を包み込むようなエネルギーを持っていたとわかるの。持って生まれたギフトの数字も「10」で、マザー・テレサはその名の通り、母的なエネルギーにあふれていたことが読み取れるわ。

マザー・テレサは、ひとりの中に、父親(8)と母親(10)の両方がいるような人。行動を促すために背中を押す男性的なエネルギーと、大丈夫よと、優しく包み込む女性的なエネルギーをともに持っているの。マザー、と言われるけれど、わたしたちは、マザー・テレサの「ファーザー」の部分も知っておくべきだわ。

人生の目的と、果たすべき役割を示すパーパスナンバーは「9」。ここから、マザー・テレサは、ひとつの道を進むために、ひたすら努力と研さんを続けた人だとわかるわ。一生を尽くして、慈善活動に身を捧げたマザー・テレサは、自ら母性と父性をともにいかしながら、多くの人に希望を与え、その道を極めるという「9」を完全に体現した人なの。

# 第4章

# Projection Number
# プロジェクションナンバー

〜あなたの第一印象を示す数字〜

\ Projection Number!! /

# ＃0

# プロジェクションナンバー

Projection Number

とらわれすぎないよう注意を。あなたの第一印象を表す数字

プロジェクションナンバーは、あなたの第一印象を示す数字。これは、まわりの人が、あなたに出会ったときに最初に受ける「感じ」のこと。プロジェクションの数字を見れば、あなたが周囲の人たちに、どんな印象を与えているのかを知ることができるの。自分の第一印象って、わかっているようで、よくわかっていないもの。でも、この数字を見れば、あなたがまわりからどう見られているかが、一瞬にしてわかっちゃうわ。

自覚がなくても、まわりにダイレクトで伝わるのが、プロジェクションの数字のエネルギー。気づいていなくても、あなたに対する人の「態度」や、周囲からの「扱われ方」で、この数字を感じることもあるわ。あなたの方からも、知らず知らずのうちに、この数字のエネルギーを発していることも忘

**算出方法**

ソウルナンバー＋西暦の生まれ年の下２ケタ
例：ソウル「4」＋下２ケタが「23」の場合
……4＋(2＋3)＝「9」
ソウル「8」＋下２ケタが「18」の場合
……8＋(1＋8)＝17→1＋7＝「8」

**数字が出やすい年齢**

18歳～27歳

れないで。よく自分の行動パターンを観察してみると、案外、プロジェクションの数字っぽい行動をしていた、ということもあるわ。

一見、何の害もなさそうなプロジェクションナンバーだけど、実は、気をつけるべきポイントがあるの。それは、この数字にとらわれすぎてはいけない、ということ。たとえば、あなたの第一印象が「まじめな人」だったら、それは、まわりのあなたに対する期待感でもあるの。この人はまじめそう。仕事もきちっとこなしてくれるだろう、というような。でも、「印象＝本当のあなた」でないこともある。大事なのは、本当の自分を表現することなのね。

特に注意したいのは、プロジェクションの数字が、チャートのほかのポジションにないとき。ほかの数字たちがあなたの本質を表しているのに対し、プロジェクションナンバーは、あなたの表面的な印象を示しているだけ。つまり、あまり気にしなくていいの。この数字は、あなた自身がよくわかっていることが大事。「わたしの第一印象はこうなのね」と自分でわかっていれば、人の態度に戸惑わないですむの。18歳から27歳ごろまでは、この数字の影響を受けやすい時期。がんばりすぎず、上手につきあって。

Projection Number!!
1

# プロジェクションナンバー「1」

## 「あなたは、強い意思を持った個性派のリーダー？」

**【見られ方】** あなたの第一印象は「独特な雰囲気のある人」。個性的で少し固めの雰囲気。怖いわけではないけれど、自分の世界にひとり静かにたたずんでいる感じなの。声をかけない方がいいのかも？　と勘違いされたり、近づきがたい印象を持たれて、距離をおかれたりすることも。

**【リーダー的雰囲気】** しっかりとした自分があり、意思も強そう。みんなを引っ張るリーダー的な雰囲気があるので、グループの中でも、代表として意見を求められたり、まとめ役を頼まれたりすることも。なかば強引にそんな役割を押しつけられて、戸惑うこともあるかもしれないわ。

**【個性とリーダー】**「1」は、ひとり、個性、リーダー、独創性、独立などの数字。あなたは周囲から、こんな印象を持たれているの。あなたをよく知らない人は、「個性的なタイプ」、「意思の強いリーダー」としてあなたに接するけれど、

**プロジェクションナンバー「1」の第一印象は？**

意思が強い、独立心がある、
我が道を行く、リーダー気質、
個性派、エキセントリック、
ひとりでいることが好き

無理にそういう自分を演じないで。それは、まわりが勝手に作り上げた、他人から見た「あなた像」だから。

**【本当の自分を】** プロジェクションの数字が強く出るのは、18歳から27歳ぐらいまで。まわりからの影響を受けやすい年齢だし、他人の目も気になる時期。ただ、チャートのほかのポジションに「1」がない場合は気をつけて。あなたの本質は「1」ではないの。ソウルナンバーやコアナンバーをいかして「本物のあなた」を表現するようにしてね。

**本当の自分の表し方**

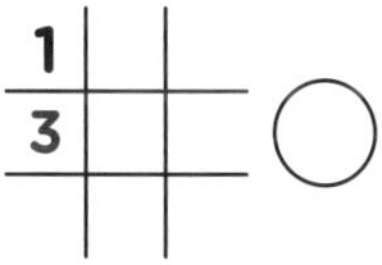


ひとりでいたいと思われがちだけど、本物のあなたは友だちといるのが楽しい人よ。

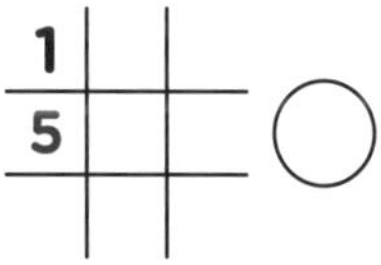


静かに内の世界にこもるタイプに見えるけど、あなたは行動力にあふれる人なの。

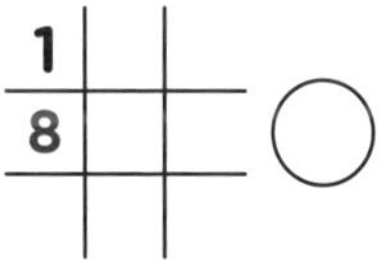


内面の豊かさを追求する印象だけど、仕事で結果を出したいコア「8」が本当の姿。

Projection Number!!

2 ＃○

# プロジェクションナンバー「2」

## 「あなたは、困ったときに頼りになる、面倒見のいい人？」

**【見られ方】**あなたの第一印象は「面倒見のいい人」。優しくて、世話好き。友だち思いな人。困ったときに頼れそう。そんな雰囲気に引き寄せられて、人が気軽に近づいてきたり、なれなれしい態度をとられたり。好きでもない人に「好意を持っている」と誤解されることも。自分だけを見ていてくれる人、という勘違いもあるけれど、これはさすがに困るわね。

**【周囲の期待】**あなたには「サポートをする人」という雰囲気があるの。ついていく人、二番手って思われることも多いけど、これも厄介な問題。あなたは先頭に立って引っ張りたいのに、期待されるのはいつも二番目の立場。リーダー役がまわってこなくて、がっかりしたり、イラ立ったり。

**【2人の世界】**理由は、あなたが発している「2」の柔らかな空気。「2」はつながりと調和、気づかいと献身の数字。こういう印象が強いと、ボス役はなか

**プロジェクションナンバー「2」の第一印象は？**

面倒見がよさそう、世話好き、
よきパートナー、
サブリーダー、ボスの右腕、
柔らかく穏やかな性格

なか頼まれないわよね。あなたのイメージは「よきパートナー」。みんなといるより、あなたと2人きりでいたい、というタイプだと思われるの。よくも悪くも「2」は「ふたり」のエネルギーが強い数字なのね。

**【本当の自分を】**「2」という数字が、チャートのほかのポジションにない場合は気をつけて。あなたは表面的には「2」の雰囲気があるけれど、大切なのは他の数字。プロジェクションは、あなたの印象や、まわりの期待感を示す数字。「2」にとらわれすぎず、コアナンバーやソウルナンバーをいかすようにしてね。

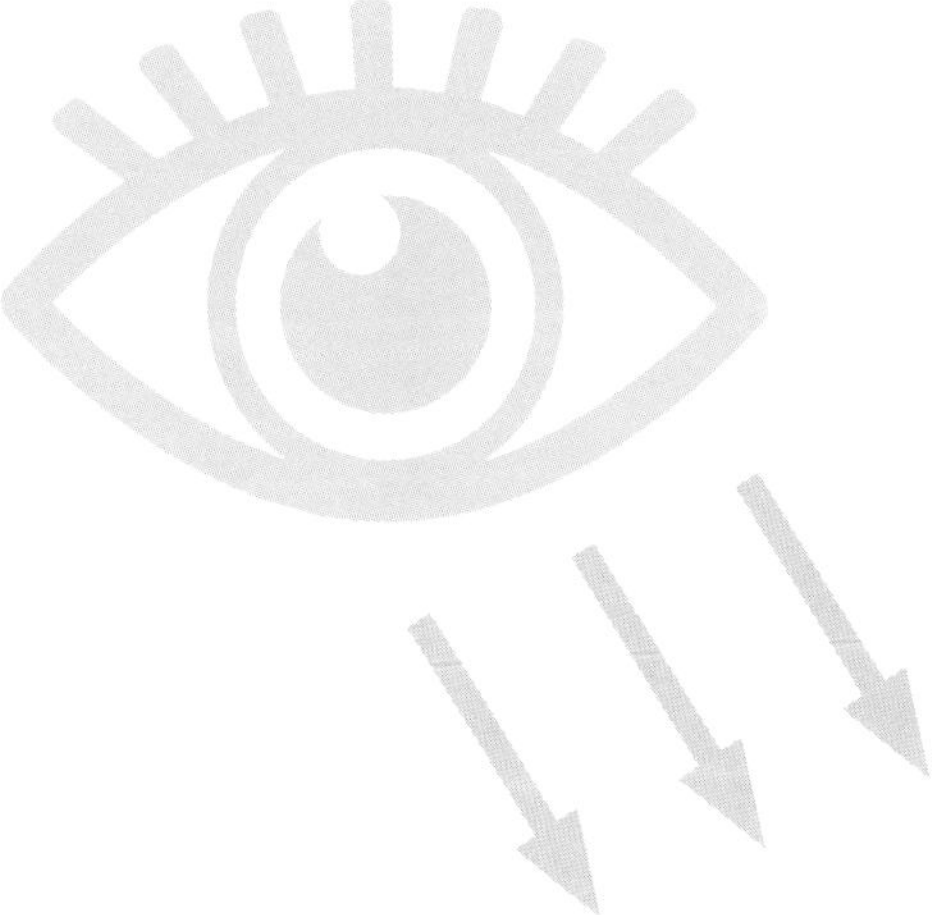

**本当の自分の表し方**

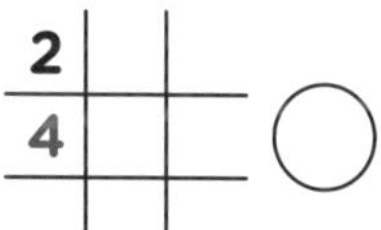


慎重で注意深い雰囲気があるけれど、実際は現実を冷静な目で観察してる人よ。

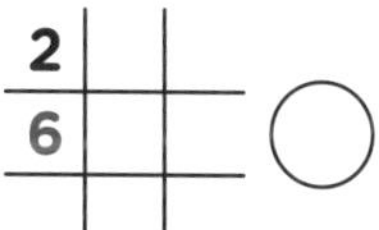


世話好きな雰囲気があるけど、実のところはコア「6」。心が動かなければ何もしないわ。

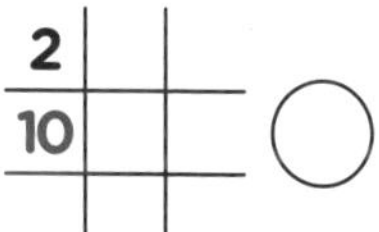


サブリーダーが向いていそうだけれど、コア「10」のあなたはリーダーがぴったり。

Projection Number!!
3

# プロジェクションナンバー「3」

## 「あなたは、明るくて楽しい、前向きな人？」

**【見られ方】**あなたの第一印象は「明るくて楽しい人」。いつも元気。友だちたくさん。気軽に仲良くなれそう。いっしょに遊んだら楽しそう、というのが、まわりの人があなたに抱くイメージ。自由で前向き、天真爛漫。お笑いキャラ、ときどき道化役。悩みなんてないでしょ、と思われることも。

**【親しみやすさ】**周囲との間に隔たりを作らず、親しみやすくフレンドリー。来るもの拒まず、誰でもウェルカムな雰囲気を持つあなた。初対面でも、話しかけやすいはずよ。みんな友だち、という気楽さとともに、どこか幼い感じもあるので、子ども扱いされて戸惑うことも。

**【子どもの数字】**「3」は無邪気な子どもの数字。明るく、軽やか。自由に流れる前向きなエネルギーを持つナンバーなの。クリエイティブで楽しい人だと思われたり、ときに子ども扱いされ、十分な敬意が払われなかったりするのは、

**プロジェクションナンバー「3」の第一印象は？**

明るく楽しい、元気で活発、
すぐ友だちになれる、
前向き、悩みがない、
子どもっぽい、幼い

すべてはプロジェクションの数字が「3」だから。

**【本当の自分を】** ただ、この数字が、チャートのほかのポジションにないときには気をつけて。まわりは、あなたを「3」の性質を持っている人、明るく、楽しく、悩みのない人だと思っているけれど、それはあなたの「印象」であるだけ。特に18歳から27歳までは要注意。本物の自分でいるために、コアナンバー、ソウルナンバーを中心に、ほかの数字をいかすようにしてね。

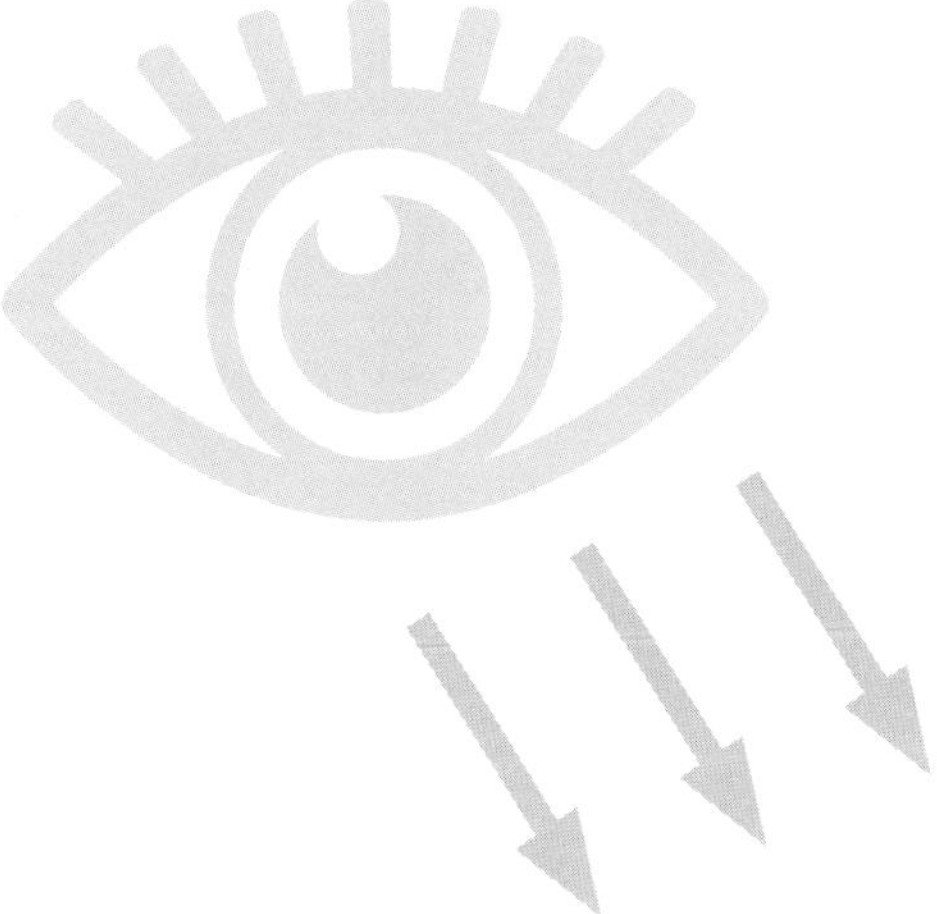

**本当の自分の表し方**

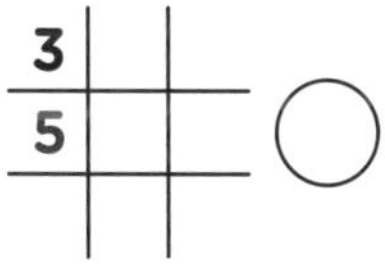


自由で明るいイメージだけど、実際のあなたはコア「5」。ためらわず行動を。

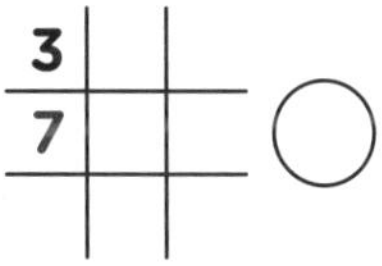


楽しく前向きな雰囲気だけど、コア「7」のあなたは、ちょっと神経質なところも。

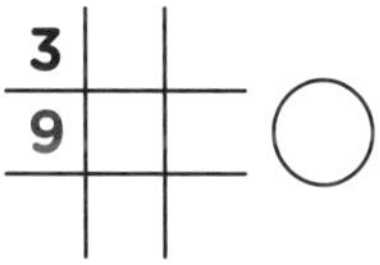


遊んでばかりいそうだけれど、コア「9」のあなたは勉強好き。学びがライフワーク。

Projection Number!!
4

# プロジェクションナンバー「4」

## 「あなたは、まじめな、しっかり者?」

**【見られ方】**あなたの第一印象は「几帳面でまじめな人」。すべきことはきちんとこなし、人の話をよく聞けるしっかり者。好き嫌い関係なく、やるべきことは「ちゃんと」やる。学校の勉強もできるだろうし、仕事での作業も丁寧なんだろうな、というイメージなのね。

**【静かな人】**喜怒哀楽が表に出づらいところがあり、あなた自身は楽しいのに、つまらなそうにしていると勘違いされることもあるわ。「静かで落ち着いた人」というイメージが強いので、はっちゃけた遊び友だちがほしくても、なかなかできなかったりも。

**【まじめで常識的】**「4」はまじめな常識人、という数字。あなたは「4」の空気を周囲に発しているので、どうしても、そういうイメージで見られるのね。あなたに対する、まわりの態度がしっくりこなければ、相手の期待を裏切るよ

**プロジェクションナンバー「4」の第一印象は?**

几帳面でまじめ、
しっかり者、常識人、
落ち着いていて静か、
勉強も仕事もきっちり

うな言動が必要かも。他人が勝手に作っている、あなたのイメージを打ち破るのね。

**【本当の自分を】** チャートのほかのポジションに「4」がない場合は気をつけて。あなたにこの数字は、ほぼ必要ないってことだから。特に18歳から27歳までは、プロジェクション「4」のエネルギーが強く出る時期よ。まわりの目が気になることも多いけれど、無理して「しっかり者」を演じないよう注意して。「4」はあなたの印象なだけ。コア、ソウルの数字をいかしてね。

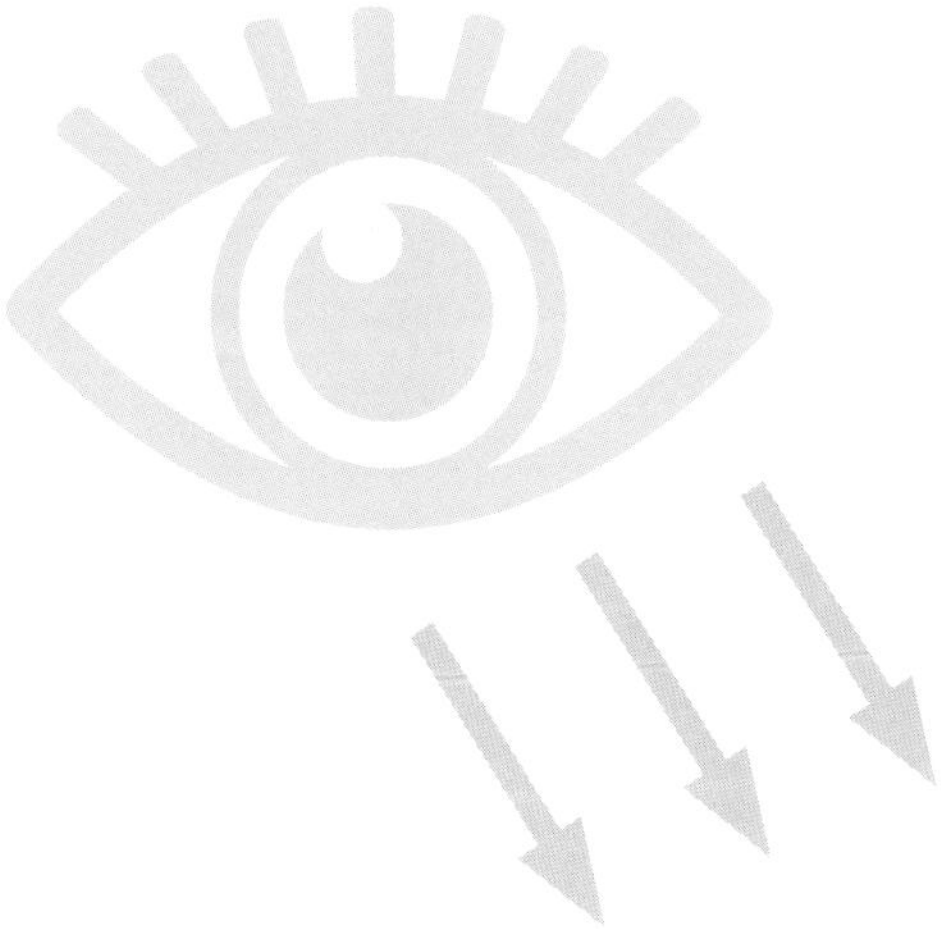

**本当の自分の表し方**

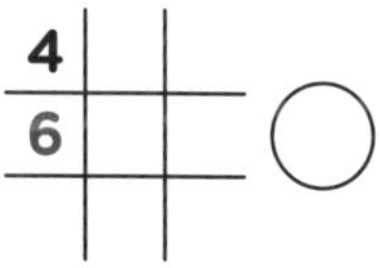


頭で考える人という印象だけど、あなたは心で思う人。気持ちを感じることが大事なの。

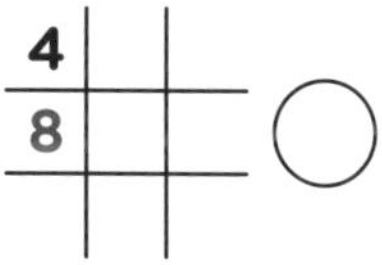


冷静で落ち着いた人のように見えるけど、コア「8」の実のあなたはかなりの激情家よ。

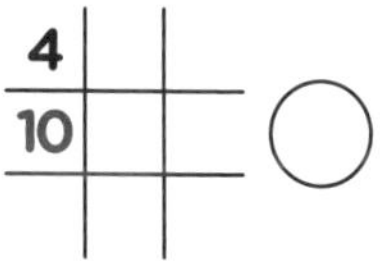


縁の下の力持ちタイプと思いきや、あなたはリーダーの才に恵まれている人なの。

Projection Number!! 5

# プロジェクションナンバー「5」

## 「あなたは、自由を愛する行動派？」

**【見られ方】** あなたの第一印象は「元気で活発な人」。じっとしていられない性格。いつも忙しくて、時間がない人。というイメージなの。知人や友人が多く、顔がきくように思われたり、とん挫しているものを一気に動かすような、抜群の行動力を期待されたりすることも。「あなたなら、やってくれるわよね？」という感じね。

**【先生のイメージ】** 人前に立つのが得意そうなので、何かとそんな役割も回ってくるわ。もし、「教えて」と頼まれる機会が多ければ、それはあなたが「先生っぽい」雰囲気を持っているから。尋ねたら快く教えてくれそうな、先生みたいなイメージがあるのよね。

**【活動的】**「5」は、体、行動力、先生、ネットワークなどの数字。プロジェクションナンバーが「5」のあなたは、こういう性質を持っている人だと思われ

**プロジェクションナンバー「5」の第一印象は？**

行動的、活発、元気、
いつも忙しい、人前に立つのが好き、
自由人、先生、教師、
広いネットワークの持ち主

るのね。実際のあなたが行動力と縁遠かったとしても、周囲の目からは「活動的な人」に映るの。誰もやりたくないことでも、あなたなら、さっさと片付けてくれそうなのよ。

**【本当の自分を】**ただ、プロジェクションは、がんばりすぎない方がいい数字。18歳から27歳までの間は、特にこの数字のエネルギーが強まるので要注意。特に「5」がチャートのほかのポジションにない場合は、気をつけて。人目を気にする、他人の望む自分を演じる、という罠にはまらないよう、コア、ソウルの数字をいかしながら、本来のあなたの姿を表現してね。

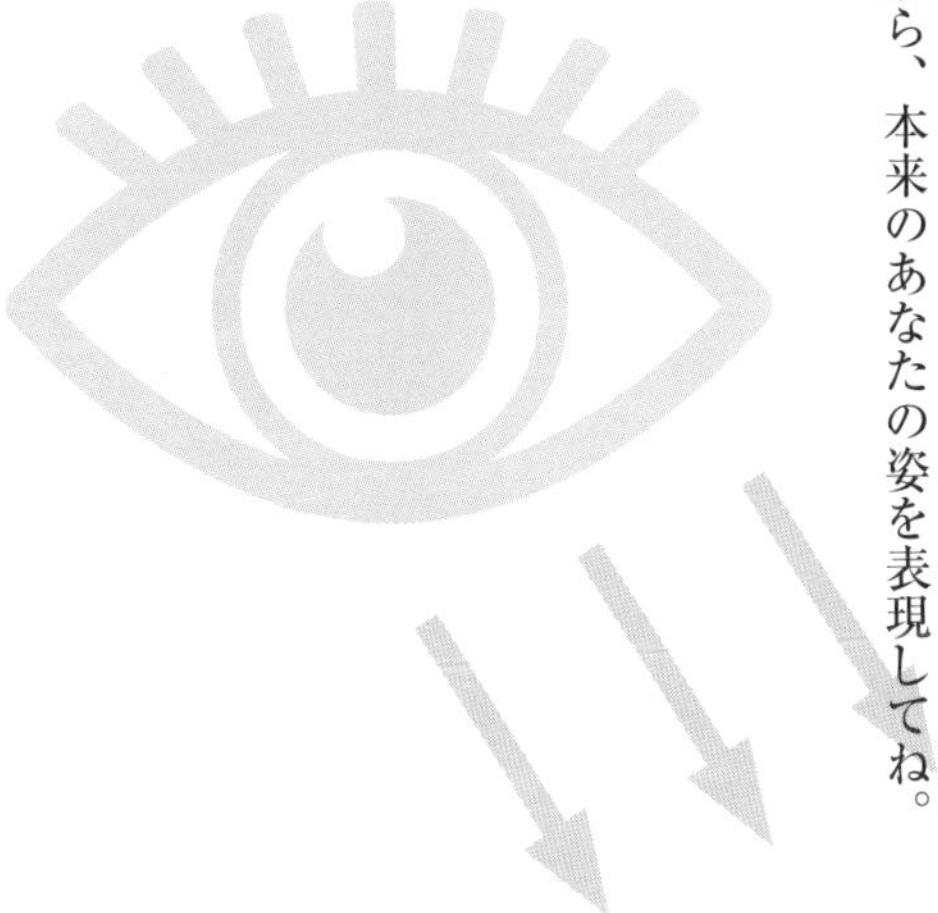

**本当の自分の表し方**

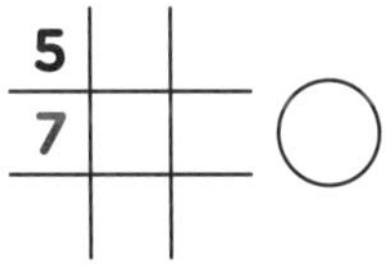


行動的なタイプに見えるけれど、言葉を使って発信する方が向いているわ。

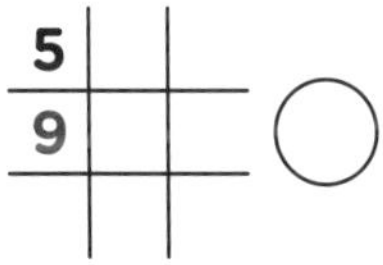


活発で行動的に見えるけれど、ひとり静かに学びの時間を過ごす方が大切ね。

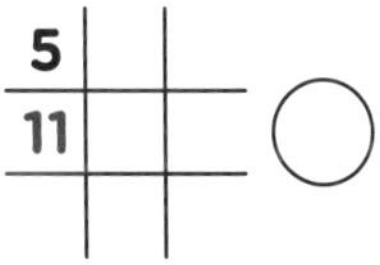


現実的な印象があるけれど、実際のあなたは天との不思議なつながりを感じているの。

Projection Number!!
6

# プロジェクションナンバー「6」

## 「あなたは、優しく、感情豊かな心の人？」

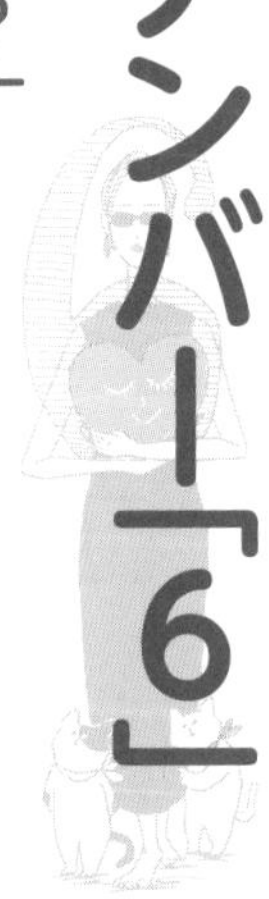

**【見られ方】** あなたの第一印象は「優しそうな人」。意地悪をしないし、人の悪口も言わない、心が温かく、敵を作らず、とにかく親切。家庭的な人、というイメージで見られることもあるわ。結婚したら、よきパパ、ママになりそう。女性であれば、家事全般をばっちりこなし、家庭を切り盛りできる、という感じね。剛より柔のイメージがはるかに強いの。

**【優しさ】**「気持ちをわかってくれる人」というのもあるわ。あなたに悩みや思いを打ち明けたら、優しく受け入れ、共感してくれそうなのよ。癒しの雰囲気も持っていているので「癒されたい」と、引き寄せられてくる人も。とにかく優しいイメージなので、強い、厳しい面を見せると、びっくりされることも。

**【癒しの人】**「6」は心の数字。感情豊かで感性が鋭く、いろいろな気持ちを感じているのが「6」の特徴。プロジェクションナンバー「6」のあなたは、ま

**プロジェクションナンバー「6」の第一印象は？**

優しそう、心が温かい、
家庭を大切にする、
感情豊か、感情的、
癒しの人

わりから見ると「心の人」なの。あなたに期待されるのは、穏やかで柔らかい人であること。強気やアグレッシブさといった、優しさに相反する性質を表に出すことには、ためらいがあるかもしれないわ。

**【本当の自分を】**とはいえ、まわりの期待に沿うようがんばる必要はないの。18歳から27歳の間は、あなたの表面的なエネルギーに魅力を感じ、優しくしてほしい、と寄ってくる人には気をつけて。あなたのチャートのほかのポジションに「6」がない場合は、特に注意して。あなたの本質を表すのはコアナンバー、ソウルナンバーの方よ。

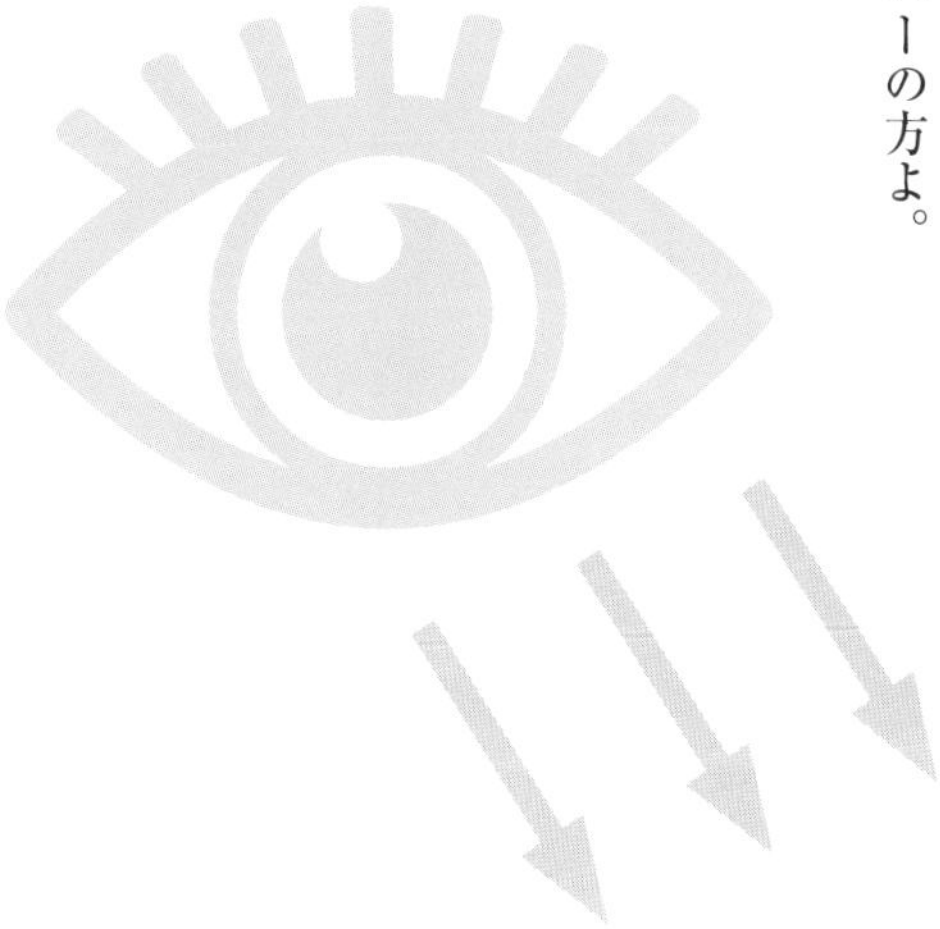

**本当の自分の表し方**

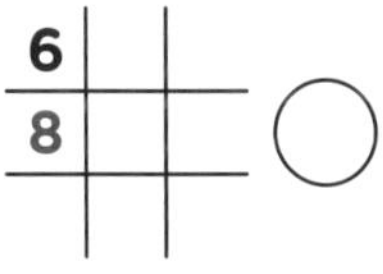


優しく繊細そうな印象だけど、コア「8」のあなたはアグレッシブで負けず嫌い。

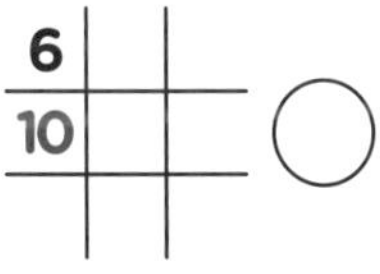


穏やかそうなイメージだけど、あなたはコア「10」。堂々とリーダーシップを発揮して。

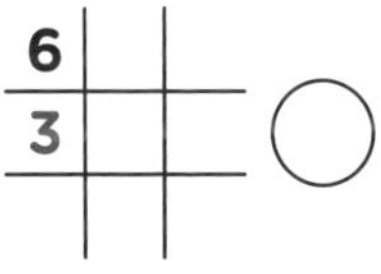


繊細な人という印象だけど、実際はコア「3」。傷ついてもからりと明るくしてて。

Projection Number!!

7

# プロジェクションナンバー「7」

## 「あなたは、対話上手なコミュニケーションの人？」

**【見られ方】** あなたの第一印象は「コミュニケーションの人」。誰とでも話ができそうな人、というイメージで見られるの。あなたが気軽に人と会話するようなタイプでなくても、おしゃべり好きだと勘違いされて、何かと話しかけられたり、黙っていると、どうしたんだろう？　と思われたり。

**【伝える人】** 話す人、メッセージの担い手、という雰囲気のあなたは、人前で話すのも得意そうなので、そんな役割を任されることも多いの。会社や属するコミュニティでよく頼まれるのは、活動や商品を広く伝える、広報的な仕事じゃないかしら。周囲にとってあなたは、言いたいことや、伝えたいことがたくさんある人なのよ。

**【話し上手】**「7」はメッセージを伝える数字。「7」をプロジェクションナンバーに持つあなたは、メッセージの担い手、声を発する人、というイメージで

**プロジェクションナンバー「7」の第一印象は？**

コミュニケーションの人、
メッセージを伝える人、
発信、伝達、
広める人、広報、広告塔

見られるの。話し上手で、心に届く言葉を発信し、コミュニケーション上手なのが「7」の性質。自覚がないと、戸惑うことも多いけれど。

**【本当の自分を】**プロジェクションの数字が、チャートのほかのポジションにない場合は、あまりこだわる必要はないわ。「7」はあなたの表面的な印象だというだけで、本当のあなたとは違うのね。自分はまわりに「7の印象」を与えるということだけ理解して、コアナンバー、ソウルナンバーなど、あなたの本質を表す数字をいかすようにしてね。

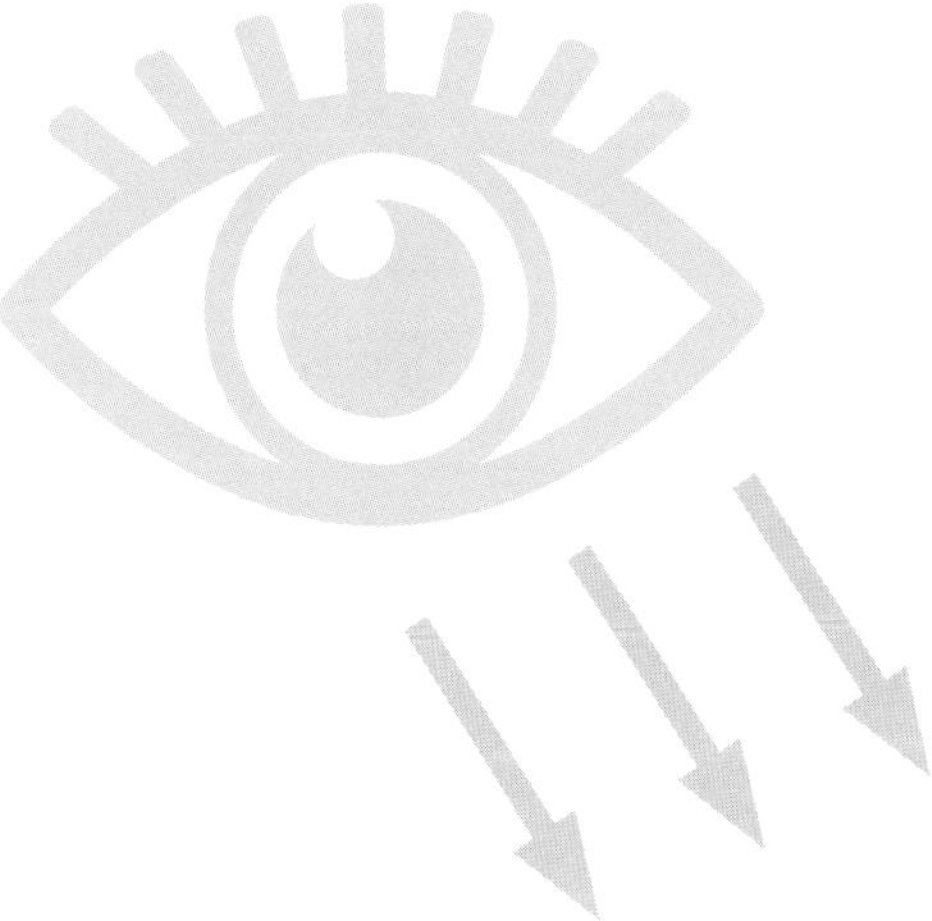

**本当の自分の表し方**

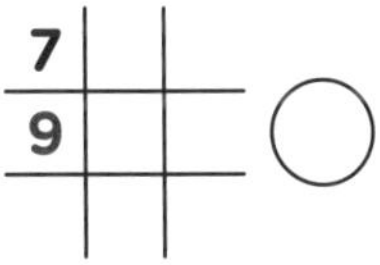


おしゃべり好きに見えるけれど、コア「9」のあなたは自分の学びを大切にすると◎。

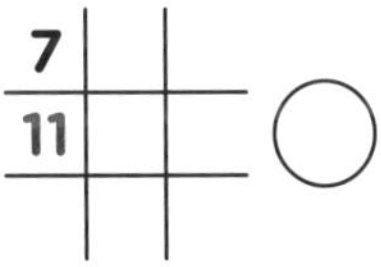


発信と対話の人というイメージだけど、実のあなたはコア「11」。天とつながる人よ。

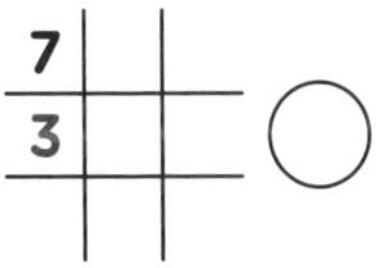


神経質な雰囲気があるけど、大抵のことは気にせず、うまく流してしまえるわ。

Projection Number!!

8

# プロジェクションナンバー「8」

## 「あなたはタフで疲れ知らず、休みなしで働ける人？」

**【見られ方】** あなたの第一印象は「エネルギーにあふれたパワフルな人」。いつも元気で、長時間の作業や残業もへっちゃら。疲れ知らずに働ける人、というイメージなのね。負担が大きい仕事も無理なくこなせそうなので、あなたのところにばかり、大変な役割が回ってくることも。

**【頼られる存在】**「ボスっぽい」印象があるあなた。人の上に立つ役割を与えられやすいのも、プロジェクション「8」の特徴なの。問題が山積みだったり、ものごとがスムーズにいっていないときにも、タフで責任感のありそうなあなたなら、多少大変でもなんとかしてくれるだろう、と思われるのね。

**【男性的な魅力】**「8」はボス、生命力、パワーなどの数字。男性エネルギーの数字でもあるから、女性でも「男前でカッコいい」と思われることも。ただ、プロジェクションは、あなたのごく表面の印象の数字でしかないので、こだわ

**プロジェクションナンバー「8」の第一印象は？**

エネルギーに満ちている、パワフルで元気、
疲れ知らず、ボスっぽい、
大きな仕事をこなせる、男前、
ビジネス、金回りがいい

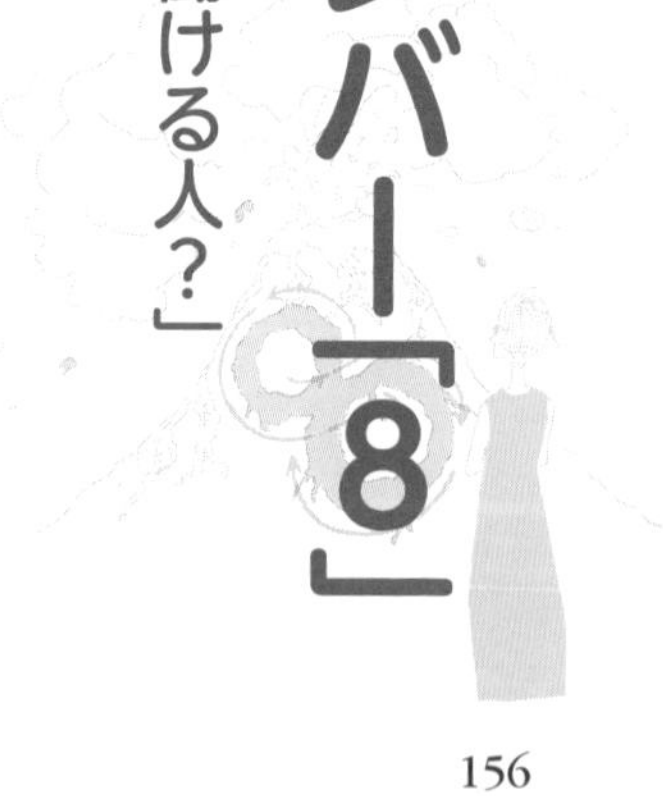

らないで。特に、18歳から27歳ごろの時期は、この数字が気になることが多いかも。

**【本当の自分を】** 特に、チャートのほかのポジションに「8」がない場合は要注意。タフそうだからとボス役を任されても、あなたのストレスになるだけ。無理やりがんばらず、わたしは実はこういう人なんです、と本物の自分をアピールすることを忘れないで。ソウルナンバー、コアナンバーをいかすと、あなたらしさが自然に出てくるわ。

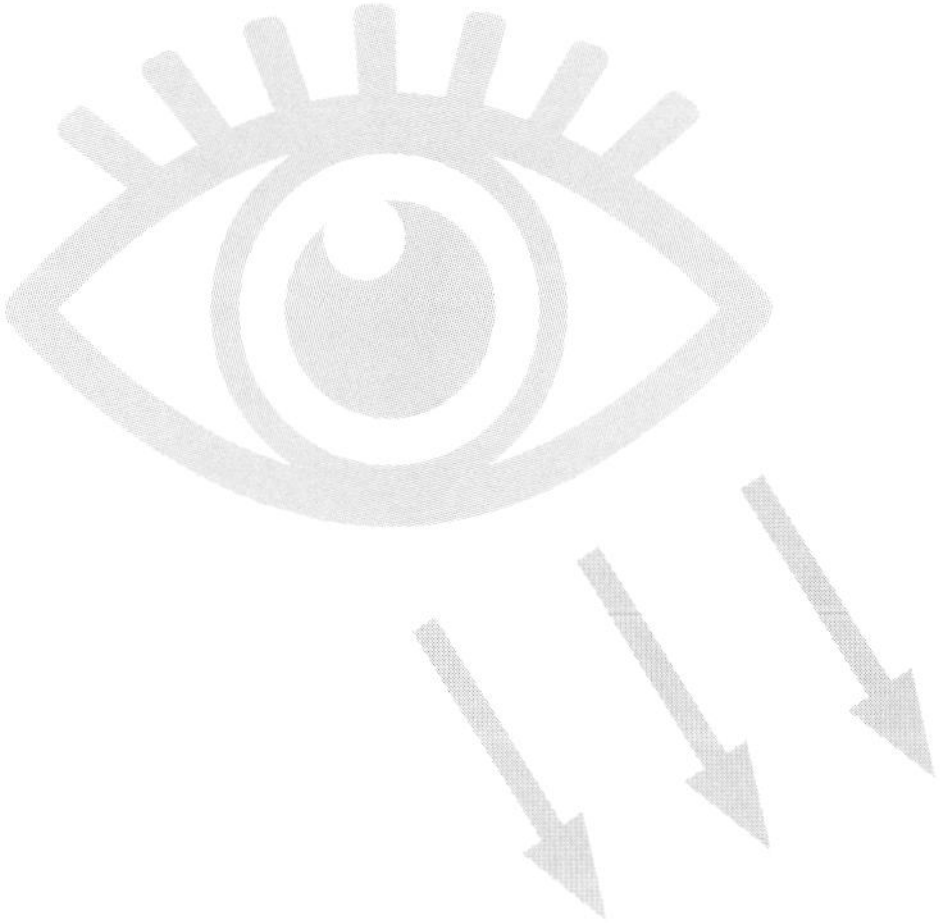

**本当の自分の表し方**

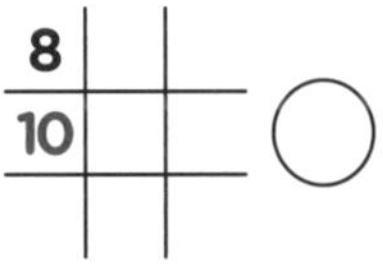


人を使うボスのような雰囲気だけど、実は自らがお手本となって進むリーダーよ。

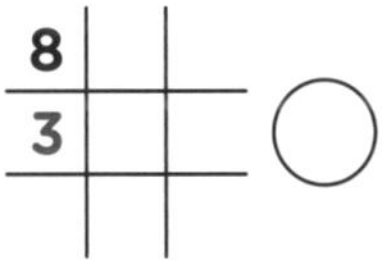


怖そうな感じがあるけど、コア「3」のあなたは、みんなと仲良し。敵は作らない人よ。

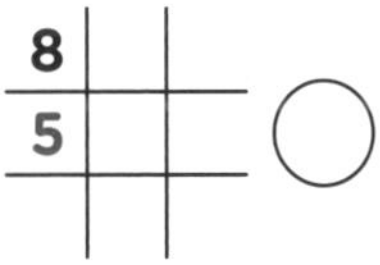


起業家や実業家というイメージだけど、コア「5」のあなたは生れながらの先生よ。

Projection Number!!

9

# プロジェクションナンバー「9」

## 「あなたは、知的好奇心にあふれた、学びと探求の人？」

**【見られ方】** あなたの第一印象は「いつも何かを学んでいる人」。聡明で勉強熱心、向学心を持ち続ける人、と人の目にはうつるのね。本を読むのも、調べるのも、たいして好きではないのに、なぜかつきまとう「学びと探求の人」のイメージには、困惑することも。少し近寄りがたい雰囲気があり、仲良くなるまでは、人との距離を感じるかもしれないわ。

**【博識な人】** もの知りで、何でも知っている、と思われることも。誰もわからないような難題も「あなたなら答えらえるでしょう？　頭がいいんだし」と期待されるの。いえいえ、わたしにはわかりません、と否定しながら、申し訳ないような気持ちになることも。

**【勉強熱心】**「9」は、知識、知的好奇心を表す数字。プロジェクションの数字が「9」だと「もの知り」、「賢い」、「勉強熱心」と思われて、戸惑うことも多い

**プロジェクションナンバー「9」の第一印象は？**

賢い、頭がいい、
勉強熱心、知的好奇心、
何でもよく知っている、
孤高の人、直観的

かも。ただ、チャートのほかのポジションに「9」がない場合、無理して「9なわたし」を演じないこと。実のあなたを示す、コア、ソウルの数字をいかすようにしてね。

**【本当の自分を】** プロジェクションナンバーは「まわりの人から見たあなた」を示す数字。周囲からのあなたへの期待感を表す数字でもあるわ。あなたの本質とはまったく違う、ということも多いから、縛られすぎないように気をつけて。18歳から27歳までは、特にこの数字の影響を受けやすいので注意してね。

**本当の自分の表し方**

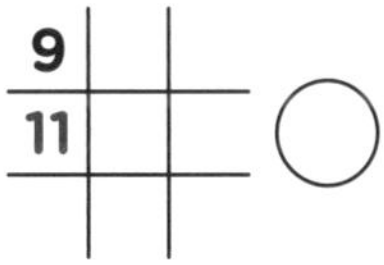


自己研さんの人という印象だけれど、あなたに大切なのは天との強い結びつきよ。

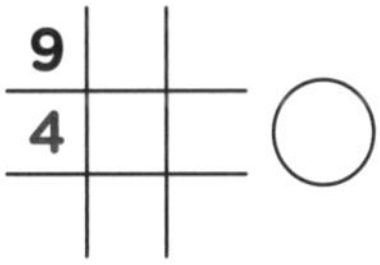


直観ですべてを知る人というイメージだけど、あなたは一歩一歩着実に学ぶ人なの。

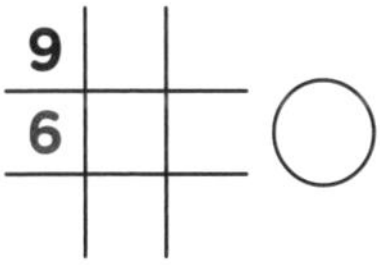


頭が働く聡明な人という雰囲気だけど、あなたはコア「6」。頭より心が大事な人ね。

Projection Number!!

10

# プロジェクションナンバー「10」

## 「あなたは、華やかな存在感を持つ、リーダーシップの人？」

**【見られ方】**あなたの第一印象は「リーダーシップの人」。意思が強く、大勢を引っ張っていける人だと思われるの。憧れられたり、目標にされたりすることも。スケールの大きな人、というイメージなので、人の注目を浴びやすいし、他者からの視線を重荷に感じることもあるかもしれないわ。

**【カリスマ】**チームのリーダーやグループのまとめ役を頼まれることも多いの。まわりの人があなたに見るのは、存在感とカリスマ性、人の目をひく華やかさ。我が道を進んで行ける気持ちの強さも。リーダーの立場がぴったり、と思われるのも当然かもしれないわ。

**【存在感とリーダーシップ】**「10」はリーダーシップ、可能性の実現、存在感、意思の強さなどを表す数字。プロジェクション「10」のあなたは、こういう資質があるように思われるけど、この数字がチャートのほかのポジションにない

**プロジェクションナンバー「10」の第一印象は？**

リーダー、意思が強い、
我が道を行く、
スケールの大きなカリスマ、
強い存在感と華やかさ

場合は、あまり気にしないこと。あなたの発する「10」の空気は、簡単に言うと「見せかけ」。実際のあなたを示すのは、他の数字よ。

**【本当の自分を】**プロジェクションナンバーは、第一印象という、あなたの表面的なエネルギーを示しているだけ。まわりからは「10」の人だと期待されても、無理はしないこと。18歳から27歳までの間は、特にこの数字に惑わされやすいので、気をつけてね。コアナンバー、ソウルナンバーなど、あなたのエッセンスを示す数字をいかす方が、あなたらしくいられるわ。

**本当の自分の表し方**

10 / 3
我が道を行く人と思われるけど、みんなとチームを組む方が向いているわ。

10 / 5
リーダーの雰囲気があるけれど、人を引っ張るよりも、教える方が向いているわ。

10 / 7
強い存在感が印象的だけど、あなたは誰にも会わず、ひとり隠れる時間が必要なの。

Projection Number!!
11

# プロジェクションナンバー「11」

## 「天と結びついている、どこか不思議な人？」

**【見られ方】** あなたの第一印象は「どこか不思議な雰囲気がある人」。ちょっと浮世離れしているスピリチュアル系の人、見えないものとつながっている人、というイメージなの。白い服を着たりするとそれがさらに際立って、スピリチュアルの世界のグルのように見えることも。

**【スピリチュアルな人】** 不思議な世界への関心がある人、と思われることも。あなたが超常現象やスーパーパワーを信じてます、と公言しても、驚く人はいないんじゃないかしら。ただ、そういうイメージに違和感が大きいのなら、はっきりそう伝えた方がいいわ。スピリチュアルじゃないんです、と。

**【天とのつながり】**「11」は、スピリチュアル、神とのつながりの数字。プロジェクションナンバーが「11」だと、実際とは関係なく「そういう系の人」に見えちゃうのよね。でも「不思議ちゃん」「天とつながっている人」という扱い

**プロジェクションナンバー「11」の第一印象は？**

スピリチュアルへの関心、どこか不思議、
天との結びつき、宗教心、グル、
運命とともに生きる、浮世離れ

ばかりされると、本当は違うのに、と思うわよね。特に、チャートのほかのポジションに「11」がなければ、そう感じる方がむしろ普通。

**【本当の自分を】**プロジェクションは、あなたの第一印象を示す数字。こだわりすぎないことが大事なの。あなたはこういう人でしょ？　という、まわりからの扱われ方は、プレッシャーになることも。スピリチュアルな雰囲気をまとうのは悪いことではないけれど、それに惑わされすぎないように。特に18歳から27歳までの間は気をつけてね。

**本当の自分の表し方**

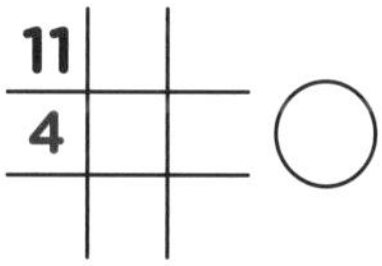


スピリチュアルな雰囲気だけど、実のあなたはコア「4」。理にかなわないことは苦手ね。

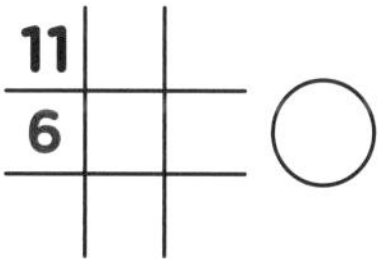


運命に身を任せるタイプに見えるけれど、あなたは感情優先。自分の気持ちが大切な人。

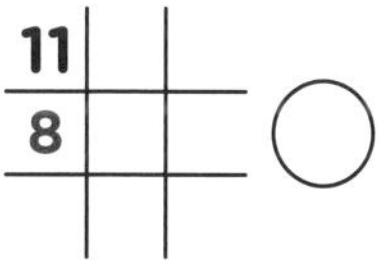


導かれ、委ねる人に思われるけど、自分ですべてやらないと気がすまない人よ。

Select Number.05

元プロ野球選手

# イチロー

(1973年10月22日生まれ)

| | | | |
|---|---|---|---|
| 5 | 4 | 10 | |
| 8 | 10 | 2 | ⑦ |
| | 5 | 3 | |

イチローさん。米大リーグ外野手として長年活躍した、最高にカッコいいアスリート。彼が打ち立てた数々の記録はもちろんだけど、その「生き方」や「ありよう」に心動かされた人も多いんじゃないかしら? 日本国内に、イチローさんを好きじゃない人なんて……いるの?

本質を示すソウルナンバーは「4」。理論的思考と分析力にすぐれ、アスリートとしての自分を、つねに客観的に見つめていたはず。身体感覚だけでなく、映像やデータ解析などから自分の状態を解析し、計画性をもってものごとを進め、決まったことを、決まった時間にすることで力を発揮するの。日々のルーティンは必須。現役時代は、練習も生活習慣も、厳格にコントロールしていたはずよ。まじめで几帳面。自分の流儀を守る人ね。

人生の課題の数字、レッスンナンバーは「10」。幼いころから自分の「器の大きさ」を感じ取りながら、どう本物の自信をつけていくのかを模索し続けた人だとわかるわ。それは今でも、現在進行形で続いているはず。アスリートは、一生の間に現役時代とその後という、二つの異なった人生を歩むの。現在のイチローさんは、メジャーリーガーでない「新たな自分」を模索中。決して楽ではないけれど、それがイチローさんの人生の課題であり、学びなのよ。

イチローさんを支える数字、ファンデーションナンバーは「5」。身体能力、自分を律する力、変化への対応力。アスリートとしてのイチローさんをサポートしていた、大切な数字ね。第一印象を表すプロジェクションの数字も「5」。これはスター性という意味もあるわ。ぱっと見のイチローさんは、スター・アスリートだと数字は伝えているけれど、その通りね。

そんなイチローさんの本当の姿を示すコアナンバーは「3」。徹底した自己管理のイチローさんだけど、実は、クリエイティブで自由な発想と、子どものような遊び心があるとがわかるわ。厳しい自己鍛錬の場である野球は、楽しい遊びでもあるの。器用で、複数のことに能力が高く、現役時代は、走攻守すべてに秀でたオールランドプレイヤー。現在は、野球を楽しむために草野球のチームを設立してるところにも「3」が出てるわ。

新たな自己像を構築しながら、人生の目的を示すパーパス「7」へと向かっているイチローさん。今後は、野球界に携わりながら、野球というもの、アスリートであることについても、さまざまな発信をし、わたしたちに伝えてくれるんじゃないかしら。イチローさんの言葉には力があるけれど、それがもっとパワーアップして、世界中の人々を動かすはずよ。

# 第5章

## Core Number
## コアナンバー

〜あなたの核となる数字〜

Core Number!!

# 11 コアナンバー

あなたの奥深いところに隠れている、自分の性質の核を表す数字

Core Number

コアナンバーは、少し奥まったところにある、あなたの核、コアのエネルギーを示す数字。ここで思い出してほしいのは、この前の章でお話しした、プロジェクションナンバー。プロジェクションは、「あなたの第一印象」、「人から見たあなた」を表す数字だったわよね。これは、あなたが無意識に発している表面的なエネルギーで、人の目には、あなたの「印象」としてうつるのが特徴。自覚はなくても、人の目に止まりやすいの。

意識しなくても、勝手に人へ伝わるプロジェクションナンバーに比べて、コアは、もう少し努力を要する数字。プロジェクションが「表向きの顔」だとすると、コアは「存在の奥深くにある顔」。本音と建て前という言葉があるけれど、あなたの本音は、コアの数字にあるのよね。奥の方に隠れている

**算出方法**

レッスンナンバー＋西暦生まれの4ケタを足した数

例：レッスン「5」＋誕生年「１９８５」の場合

……5＋(1＋9＋8＋5)＝5＋(23)

＝5＋(2＋3)＝5＋5＝「10」

**数字が出やすい年齢**

27歳〜36歳

けれど、がんばってこの数字を引っ張り出してきて、強みとなるよう、育てていきたいの。

コアの数字が強まってくる27歳ぐらいからは、プロジェクションを「卒業」するのが大切。プロジェクションは、人からの期待感が込められているナンバー。たとえば、明るい人だと思われるからと、そういう自分を演じる、というのはもう終わり。コアの数字を知り、積極的に発しながら、「本当の自分」を探っていきたいの。人の目を気にする、というのは過去のこと。人に迎合せず、堂々と本音を言えるのが大人というものよ。

コアが大切になる27歳から36歳ぐらいまでの間は、仕事をしたり、家庭を持ったり、学びを深めたりと、人生が充実する時期。人間関係も広がって、人との関わりも大事なときね。社会の中で「あなたらしさ」をどういかすのか、そのヒントとなるのがコアの数字。この9年間は、チャートの中の、あなたの本質を示す数字、ソウルナンバーもいっしょに使っていくのがポイント。自分らしい数字のいかし方を探ってみてね。

Core Number!! 3

# コアナンバー「3」

## 「過去にとらわれず、自由に自分を開拓して」

**【自由な心】**「自由なマインド」が大事な時期。これまでの人生で、学んだことも、得たスキルもいろいろあると思うの。でも、そこで型にはまって落ち着かないで。「これまで」は財産だけど、足かせにもなるの。あなたは、柔らかいマインドを持つ人。冒険したり、新しいチャレンジを楽しんで。そして、あなたの中の、自由さと創造性を目覚めさせてね。あっと驚くような、おもしろいものができるわ。

**【チームアップ】**まわりからのアイデアを積極的に取り入れて。あなたは、組み合わせたり、並べかえたりして、新しいものを創造する人。アイデアは多いほどいいの。仕事や学び、そのほかの活動はすべて、チームや仲間、コミュニティの中でするのがおすすめよ。何より楽しいし、メンバーとの間にシナジーが働いて効率もアップ。ひとりではできないことも、チームとだったら成し遂

**コアナンバー「3」を読み解くキーワード**

柔軟なマインド、自由な発想、
チーム、コミュニティ、
ポジティブ思考、前向きな姿勢、
リラックス、笑い、断るスキル

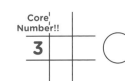

げられて、充実感もいっぱいよ。

**【前向きさ】**どんなときにもポジティブ思考。「困ったわ……」と頭を抱えることもあるけれど、そんなときこそ、あなたが持っている、前向きさを引っ張り出してきて。どーんと沈んでしまったり、悲しくなったり、憤ったりすることもある。なぜにわたしがこんな目にあう？　ということも。でも、あなたなら、どんな状況でも、その体験のプラスの面、いいところに気づけるはず。プラス思考、リラックス、それから笑いも忘れずに。人生は楽しいものよ。

**【取捨選択を】**人生の中でも忙しい時期。だからこそ、意図を持って行動を選択してね。これは、頼まれごとを「引き受けるか、否か」というときにも大事なこと。オープンマインドで器用なあなたは、大抵のことをこなせちゃう。サポート上手で、気軽にものを頼まれるけど、引き受ける前に考えて。助けたいのはやまやまでも、今の状況では無理、という場合もきっとあるから。あなたにとって、断ることは、人生を重荷に感じないための大切なスキルなの。

**相性の良いナンバー**

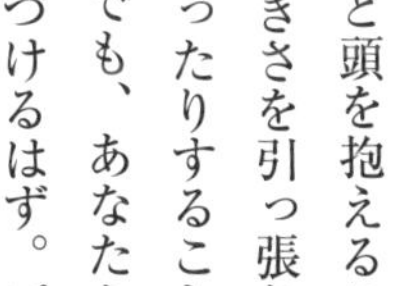

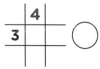


頭が固いところがあるけど、コア「3」の柔軟性がバランスをとってくれるわ。

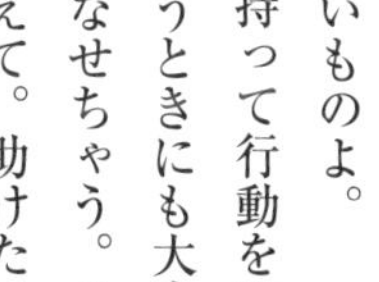

コア「3」の遊び心いっぱいの楽しいアイデア。ギフト「5」がそれを実現へ。

**要注意なナンバー**

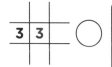

自由奔放なレッスン「3」。コアも「3」で収集がつかなくならないよう注意。

Core Number!!

4

# コアナンバー「4」

## 「すべてを受け入れる、広く落ち着いたマインドを育てて」

**【全体を見る】** ものごとの全体を見渡す視線を育てる時期。はじまりと終わりの間には、必ずプロセスがあるもの。先走りせず、早合点せず、ひとつひとつステップを丁寧に追いながら、終点までの道をたどるよう心がけて。すると必ず、ものごとの全体が見えてくるから。これは、舞台を観るとき、ストーリーや登場人物だけでなく、セリフや衣装、音楽や照明まで細かく見ていくようなもの。観察力を高めて。それがあなたの強みになるから。

**【他人を認める】** 人の話をよく聞いて。大切なのは、ただ耳を傾けること。自分の意見や感情は、ひとまず脇に置いて、ひたすら相手の話を聞くの。これは、人を受け入れるための一種の訓練。ジャッジしたり、決めつけたりせずに、相手を丸ごと認める姿勢が育ってくると、それはいずれ、あなた自身に返ってくるわ。ありのままの自分を認め、受け入れられるって幸せなこと。今

**コアナンバー「4」を読み解くキーワード**

プロセスを大切に、
観察力と思考力、
人の話をよく聞く、計画力、
見通す力、瞑想と洞察力

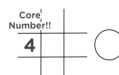

よりずっと、穏やかで優しい気持ちでいられるわ。

**【見通す力】**計画力を高めてね。ただこれは、中学校の修学旅行の「しおり」にあるみたいな、分刻みのスケジュールを立てるのとは違うわ。育てていきたいのは、先を見通す目線なの。計画は、縛られるためにあるのではなく、未来を具体的に形に表すためのもの。そんな視点を忘れずにいれば、枠の中に自分を押し込めるのではなく、あなたの能力を引き出せるような、未来への計画ができあがるわ。

**【瞑想を習慣に】**瞑想を生活の中に取り入れて。ちょっとしたすき間時間、たとえ1分でも、マインドを落ち着けるのに役立つわ。今後も続く長い人生に、瞑想というツールは必須。あなたの強みは観察力と思考力、理論を組み立てる力。瞑想をして、静かにマインドを見つめる訓練をすることで、そこに洞察力が加わるわ。これは、ものごとを見通し、状況を察する力。静かなマインドにしか宿らない特別な力よ。少しずつでもいいの。瞑想の習慣を身につけて。

**相性の良いナンバー**

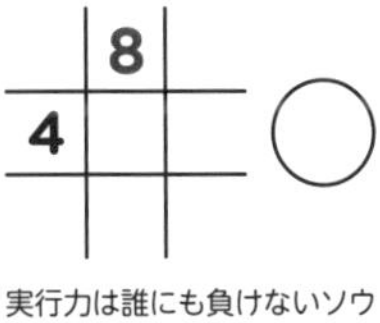


実行力は誰にも負けないソウル「8」。コア「4」の思考力が加わって怖いものなし。

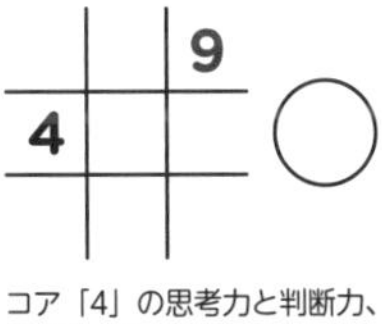


コア「4」の思考力と判断力、ギフト「9」の知識で、頭の働きが研ぎ澄まされるわ。

**要注意なナンバー**

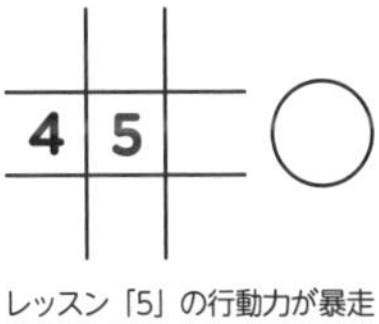


レッスン「5」の行動力が暴走すると、コア「4」の落ち着きと考える力にも悪影響が。

Core Number!! 5

# コアナンバー「5」

## 「現状維持より、思い切って変化を起こして」

**【動き続ける】** 行動あるのみ、という時期。考えたり、計画したりすることは大切だけど、すべては、行動を起こすためのもの。この時期のあなたは、とても忙しいはず。やりたいことも、やらなくてはいけないことも山積みで、暇とは何ぞや？　という感じ。いろんな知恵がついてくると、失敗するのが怖くなるけど、そういうマインドはできる限り遠ざけて。うまくいかなくても、それはあなたの経験になるの。1回や2回の失敗でめげちゃだめよ。動き続けて。

**【体を整える】** 肉体と体力はあなたの資本。ファッションやおしゃれもいいけれど、あなたに最も必要なのは、体内の臓器や血管、血液の流れまでを含めた、体そのものの健やかさ。忙しい日々を送りながらも、食事や運動、休息や睡眠などの生活習慣には十分注意して。あなたの美しさは、着飾ることからではなく、健康な体から発される、輝くようなエネルギーに宿るの。「わたしは脱

**コアナンバー「5」を読み解くキーワード**

行動、実行、経験、
健康、生活習慣、エクササイズ、
変化、新しい環境、
ネットワーク

いでもすごいのよ」を地でいって。

**【変化を楽しむ】**ものごとがうまくいかないな、というとき、あなたに必要なのは変化なの。これは、環境などの外的なものかもしれないし、思考パターンなどの内的なものかもしれないわ。変化を怖がらないで。守りに入るにはまだ早いの。現状を維持するためにエネルギーを使うより、変化を起こして、新しい環境に身をおいて。あなたは変化を楽しめる人。思い切りよく、人生を進んでいくのがあなたらしいやり方よ。

**【つながる意識】**気軽に人づきあいができて、ネットワークを広げられるのは、あなたの強みのひとつ。連絡先を交換することも、SNSでつながることも、日常の一部。それが今後の大きな財産になるので、積極的に知り合いを増やしていって。人と人とをつなぐのもあなたの大事な役割。こんな人がいるよ、と知人を紹介してあげるの。仕事でもプライベートでも、あなたが持っているネットワークを有効活用してね。

**相性の良いナンバー**

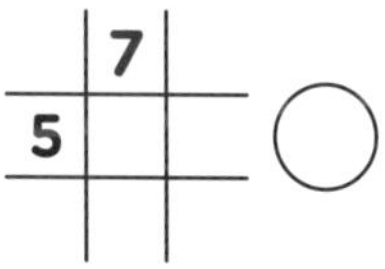


ソウル「7」の発信力とコア「5」の行動力。できないことはないんじゃないかしら。

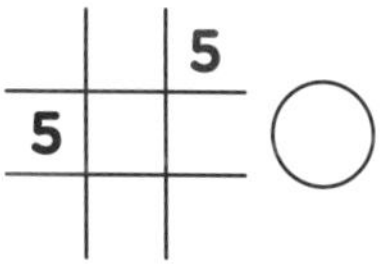


行動する力、変化へ対応する力、ネットワーク力は、あなたを助けるスーパーパワーに。

**要注意なナンバー**

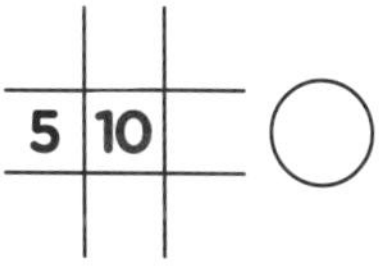


自分の行くべき道を見失いがちなレッスン「10」。コア「5」の行動力も鈍るかも。

Core Number!!
6

# コアナンバー「6」

## 「カギは決意。心が決まれば、大きなパワーが生まれるわ」

**【内面を見つめる】** 心の内に意識を向けながら生きていく時期。社会的立場、周囲の状況、担う責任など、気になることも多いけれど、そこに引っ張られすぎないで。優先させるべきなのは、心の思い。ほかはすべてその後でいいわ。ただ、それを「甘え」と混同しないでね。大変でも、心のどこかに続けるべき、という正真正銘の気持ちがあるなら、やめてはダメ。ただ、気持ちがまったくついていかないなら話は別ね。勇気を出して、生活を変えるときかも。

**【決心が力に】** 何をするときにも、心のエネルギーを注ぎ込むことを忘れずに。義務感だけだと、うまくいかないわ。決心とコミットメントがカギ。どっちつかずの心は、あなたの人生にはただの毒。コミットして、心のパワーを集中させるの。すると、そこから爆発的な力が出てくるから。心のエネルギーがパッションに変わると、驚くような行動力が生まれ、それを燃料にしながら、ゴー

**コアナンバー「6」を読み解くキーワード**

思いや気持ち、
決意とコミットメント、
心の思いの表現、
愛情、家庭、結婚、

ルや目的へと駆け抜けていけるわ。

**【表現する】** 心の中に宿る思いを表現するツールを探して。あなたは心の人。思ったり、気持ちを寄せたりと、あなたのハートは忙しく働いているの。ただ、「思ってるだけ」、「感じてるだけ」では、伝わらないわ。たとえ、すごい熱量で心的パワーが発動していても、理解されないこともあるの。愛が形を必要とするように、心の思いにも形が必要。あなたなら、どんな風に表現できる？模索のときが来てるわ。

**【家庭を持つ】** 結婚したり家族を持ったりするのにもいい時期よ。あなたの「家庭的な」雰囲気も強まるので、婚活をしてもいいし、パートナーとの愛情も深まるわ。ただし、離婚や別居など、愛が壊れる経験をすることも。そんな出来事があったら、それはこの先、もっと幸せになるために起きたことだと理解して、体験を前向きに受け入れて。パートナー選びのポイントは「心を開ける相手かどうか」。これだけよ。

**相性の良いナンバー**

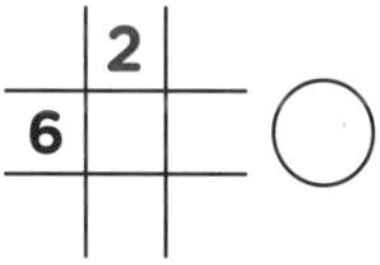


優しく繊細なソウル「2」。思いやりのコア「6」。好きな人といたい気持ちが強まるかも。

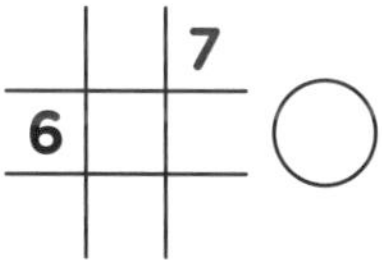


コア「6」の心は思いでいっぱいなの。ギフト「7」はその思いを声に発する手助けに。

**要注意なナンバー**

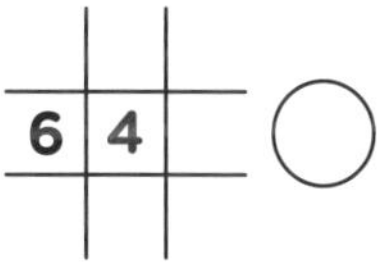


心で感じたいコア「6」だけど、レッスン「4」は脳偏重。心が止まってしまうかも。

Core Number!! 7

# コアナンバー「7」

## 「多くの人に届くように、あなたの声を発信して」

**【対話する】** コミュニケーションが大切な時期。相手の話を聞き、それを受けて自分も話す。対話と言葉のやりとりを大事にね。話すときには、お互いのためにという意識を持って。不快な言葉を投げかけられても、まずは受け入れ、自分の思いとすり合わせながら、納得できるポイントを探せばいいの。あなたは、自分のまわりに壁を作りやすい人。無意識に相手を拒否しないよう気をつけて。心を開いてコミュニケーションをとってね。

**【気持ちを外へ】** 心の中に突如として生まれる「言いたい」という気持ち。それを大事にしてほしいの。言葉に出せないときには、ノートに書いても、ツイッターでつぶやいてもいいわ。あなたは、気持ちを内にため込みやすいところがあるの。書く、話す、歌うなど、手段は何でもいいので「外へ出す」習慣をつけて。身近に話せる人がいなければ、カウンセリングや、傾聴のセッショ

**コアナンバー「7」を読み解くキーワード**

コミュニケーション、対話、
言葉に表す、発信、書く、話す、歌う、
メッセージ、内省、整理整頓、
共感、人との距離

ンを受けるのもいいわ。心がすっきり、整うから。

**【心の整理整頓】**あなたはメッセージを伝える人。伝えるべきことは、すべて心の内からやってくるわ。ただ、心は目には見えないものだから、あなた自身が意識的に、そこに「何があるのか」を探ってみる必要があるの。機械のパーツをひとつひとつ確認するエンジニアのように、内を見つめる習慣をつけて。そして、あなたの心の中身を丁寧に観察するの。内面が整理整頓されると、伝えるべきことが明確に浮かび上がり、内からの声もパワフルになるわ。

**【感度の高さ】**あなたは人が感じている気持ちや、持っている雰囲気に敏感に反応する人。目に見えない空気感から情報をたくさん受け取るので、他者への理解力も高いの。ただ、人の発する「気」を受け取りすぎたり、共感しすぎたりすることも。人との距離は注意ポイント。遠すぎても、近すぎても辛いから。混乱してきたら、ひとりの時間を持って。ただ、他者を拒絶しないでね。迎え入れるべき人を拒否していないかは、あなたの注意ポイントなの。

**相性の良いナンバー**

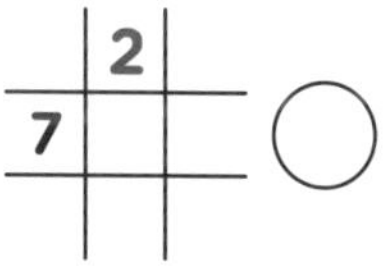


ソウル「2」は自分を見失いがちだけど、コア「7」が適切な境界線をひいてくれるわ。

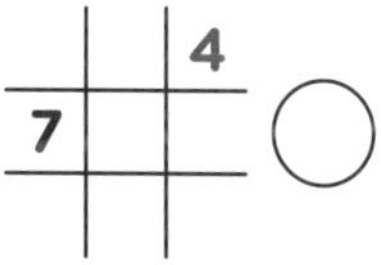


哲学的思考のコア「7」。理論的思考のギフト「4」があると、理解力が高まるわ。

**要注意なナンバー**

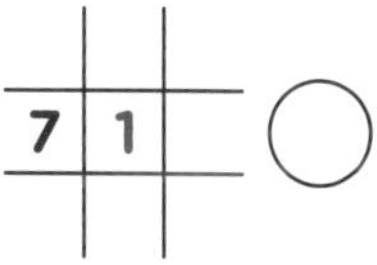


自分に意識が向くレッスン「1」。静かにこもるコア「7」。ひとりのエネルギーが過剰に。

Core Number!! 8

# コアナンバー「8」

## 「自分には厳しめに。迷ったら、大変な方を選んで」

**【過酷な方へ】**　エネルギーが無尽蔵に出てくる時期。今のあなたは、自分が思っているよりずっと動けるはずなので、活動力を増やして大丈夫。行動選択に迷ったら「大変そうな方を選ぶ」のがポイント。多忙覚悟でプロジェクトに参加したり、週末に副業をしたり。暇にしているとエネルギーを持て余し、かえって疲れてしまうかも。忙しすぎる、という状態の一歩手前ぐらいがちょうどいいところ。興味あることはためらわずにやってみて。

**【仕事の充実】**　働き盛り。仕事が好きなら思い切り働いて。集中力や没頭するパワーがあるので、長時間労働も楽しく感じられて、達成感もいっぱい。お金と縁が強い時期なので、収入も意識してみるといいわ。自分の仕事に対して「あたりまえのように」報酬を受け取ることが大事なの。仕事でなくても、気合を入れて取り組めることがあると、日々の生活は充実するわ。のんびりして

**コアナンバー「8」を読み解くキーワード**

活動量を増やす、
大変そうな道を選ぶ、
働く、報酬を受け取る、
人を動かす、ボス、荒修行

いるより忙しく動くことで、あなたの良さはいかされるの。

**【人の上に立つ】**「人を動かす」ことを学んでね。人の上に立ち、責任を持ってチームをまとめる経験を積むの。小さなプロジェクトでも、将来必ず役に立つわ。ボスになる機会が巡ってきたら、ためらわずに引き受けること。最初はちょっと勇気がいるけど、ひるまずに。荷が重いぐらいの役割が、あなたにはちょうどいいの。やっていくうちに、あなたの内側に火がついて、だんだん燃えてくる、あなたの本当のパワーが発揮されるのは、そんなときよ。

**【タフな精神】**精神力を鍛えてね。強いメンタル、折れない心、ずうずうしいぐらいの図太さ。失敗から学び、何度でも気がすむまでチャレンジするの。あなたには、転んでもただでは起きず、必ずそこから何かをつかみとる強さがあるわ。細かいことにはこだわらず、大きめの目標を立てるのも大事。ゴールを見すえて、勢いよく人生の道をまい進していくの。出る杭は打たれる、というけれど、あえて飛び出して打たれればいいの。荒修行で、あなたはどんどん強くなるわ。

**相性の良いナンバー**

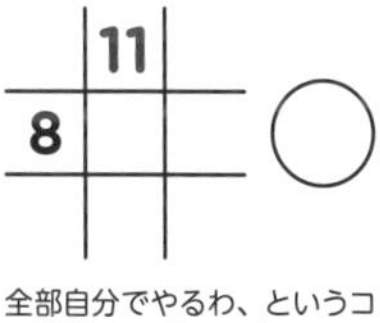


全部自分でやるわ、というコア「8」と、天にゆだね、まかせるソウル「11」は好相性。

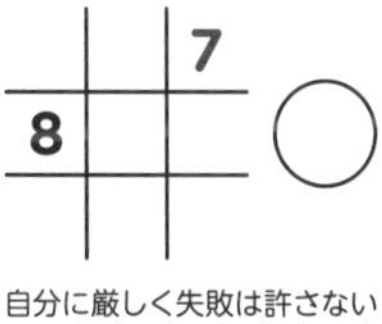


自分に厳しく失敗は許さないコア「8」。ギフト「7」は自分を許すことを教えてくれる。

**要注意なナンバー**

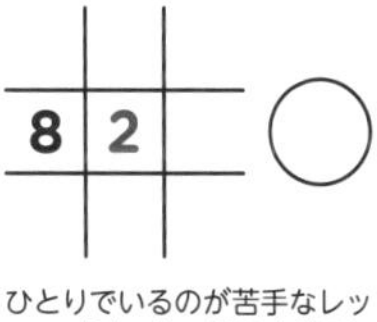


ひとりでいるのが苦手なレッスン「2」。人に頼りすぎるとコア「8」の独立心が減退。

Core Number!!
9

# コアナンバー「9」

## 「この分野なら誰にも負けない、という専門知識を身につけて」

**【道を極める】** 知的好奇心が高まる時期。興味のあることが増えて、学習意欲も満点に。本を読んだり、調べたりと、情報収集を楽しんで。学びたいという意欲に素直に従って、知識の幅をどんどん広げていくの。ポイントは、ひとつのことを徹底して学び、スキルや知識を身につけて、あなたの専門分野とすること。最終的なゴールは、その道のスペシャリストになること。それがあなたのアイデンティティとなり、今後の人生の揺るがない軸となるわ。

**【過程も大切】** 頭の回転が早いあなたは、知識を吸収するスピードも早く、何でもあっという間に理解できるの。まわりはわかっていないのに、あなただけ了解ずみ、ということも。でも「時間をかけてゆっくりわかっていく」感覚も大事。学びのプロセスに意識を向けてみて。あなたの情報や知識を必要としている人がいたら、快くシェアしてね。情報は生活に役立てることで、本来の意

**コアナンバー「9」を読み解くキーワード**

一つのことを極める、
知識や技術、スキルを高める、
直観力を鍛える、執着を手放す、
知識やスキルを快くシェアする

味を発揮するもの。あなたの聡明さを世の人々のために役立てて。

**【直観を信じる】** 知識とともに研ぎ澄まされていくのは直観力。それを否定したり、無視したりしないことが大切よ。直観的に何かを「知った」ときって、不安や疑いの気持ちが生じてくるものだけど、勇気を出してそのまま受け入れてみて。そして、その通りに行動してみるの。失敗もするけど、信じる、行動する、という繰り返しが、直観力を鍛えるためのプラクティス。続けていくと、だんだん上達し、直観力も強まってくるわ。

**【執着しない】** 学びを続けていくと、徐々にこんな気持ちが生まれてくるの。「わたしはこんなに知っている」、「誰よりも知っている」。努力を重ねて、知的なスキルを得るのだから、それも当然。ただ、執着する心には気をつけて。知識や知恵にしがみつかないこと。大事なノートも、あなただけが持っている情報も、さっぱりと手放して。そうすることで、あなたの脳には、新たなスペースが生まれ、また別の知識が入ってくるから。この流れを大切にしてね。

**相性の良いナンバー**

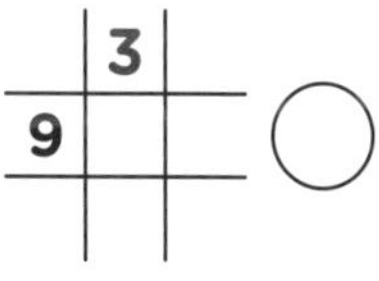


知的好奇心の「9」と遊びへの好奇心の「3」で、人生を思いきり楽しめそうね。

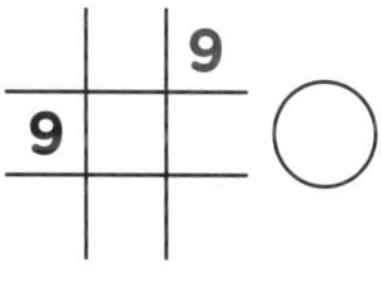


ひとつのことを極める「9」をいかせば、誰にも負けない自分の専門分野ができるわ。

**要注意なナンバー**

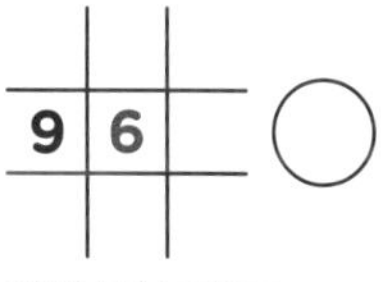


感情や気持ち重視のレッスン「6」。頭、思考重視のコア「9」。注意すべき組み合わせ。

Core Number!! 10

# コアナンバー「10」

## 「志を強く。自分を信じて、人生の道を歩んで」

**【全力で】** これまでの経験を開花させる時期。大切なのは、仕事や学びにかかわらず、あなたの持っている100％の力を投じること。あいまいな態度はダメ。何をするときにも、しっかりした意思と目標を持ちながら、全力投球で取り組んで。そこで得たものを「そのときの」あなたなりのベストな形で表現するのがゴールなの。自分の軸がぶれてきたら「わたしは何を望み、どこに行こうとしてるのかしら？」と自分に問いかけてみて。

**【自分で決める】** 自分らしさを失わないで。道に迷っても、不安になっても、自分でい続けるの。わたしって何者？　という基本的な問いかけを忘れず、どんなときにも意識的に、あなたらしい行動を選択してね。他者からのアドバイスや意見は、先へ進むために「取り入れる」という意識を持つこと。人生の主人公はあなた自身なの。人の言うことを、闇雲に信じちゃダメよ。自分で考

**コアナンバー「10」を読み解くキーワード**

可能性の実現、全力投球、
自分らしさ、自信、勇気、
母親、女性エネルギー、
リーダーシップ

え、自分で決める、というのが鉄則なの。

**【恐怖が道しるべ】** ヴィジョンを大切に。日々の行動のそれぞれに対して、クリアな目的意識を持ってね。「なんとなく」では、何も実を結ばないわ。すべきことを明確にして、迷いなく向かっていく姿勢が大事なの。不安や恐れは、実は、あなたの行くべき道を照らす光。こっちに進みなさい、とあなたを引っ張り、導いてくれてるのよ。ためらう気持ちがあったら、そうしなくてはいけない、というサイン。困難な道も、勇気を持って進んで。

**【母になる】** 母親になるのにもいい時期。母性や、女性エネルギーが高まってくるので、母となることが選択肢のひとつなら、考えてみるといいわ。あなたの持つリーダーシップの才も高まるとき。リーダーの役割を頼まれたら、必ず引き受けること。はじめは自信がなくても、やってみるとあたり前のようにこなせて、自分でもびっくりすることも。その体験自体が、今後の人生の糧になるものだから、チャンスは逃さないでね。

**相性の良いナンバー**

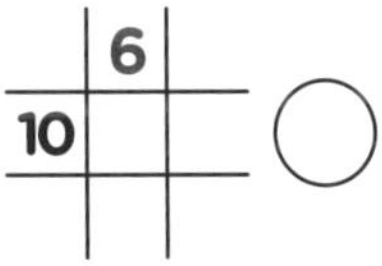


強い意思を持って人生を歩むコア「10」。ソウル「6」で心も忘れないでいられるわ。

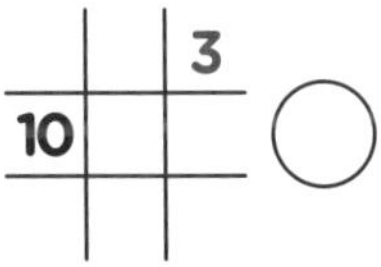


明確な自分像を持って生きるコア「10」に、ギフト「3」は「遊び」を足してくれる。

**要注意なナンバー**

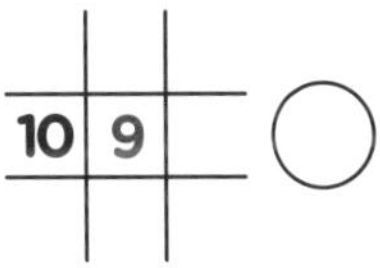


興味の幅が広いレッスン「9」。ひとつの道を進みたいコア「10」と葛藤も。

Core Number!!
11

# コアナンバー「11」

## 「導かれ、与えられる、という感覚に気づいて」

**【大きな力】** 導かれる時期。あなたはこれまで、自分の力で生きてきた？ それとも、何かに導かれながら歩んできた？ 目に見えないもの、現象世界の外にあるものの力に気づき、頼り、ともに生きていくことが、あなたの人生のテーマ。自分の力で精一杯生きながらも、人生の流れと、大いなるものからの導きに意識を向けて。あなたが何をしていても、自分を超えたところから来る、大きな力はつねに働いているの。

**【感性を磨く】** スピリチュアル、大いなる流れ、宇宙、天、そして神。こんな言葉に、あなたは何を感じる？ 物質と情報にあふれた世界で生活していると、つい忘れてしまうのが、目に見えないものの世界。でも、あなたが気づいていないだけで、どんなときにも、その力は必ず働いているの。スピリチュアルの感性を鍛え、天からの声を聞けるようになって。そうすれば、あなたがす

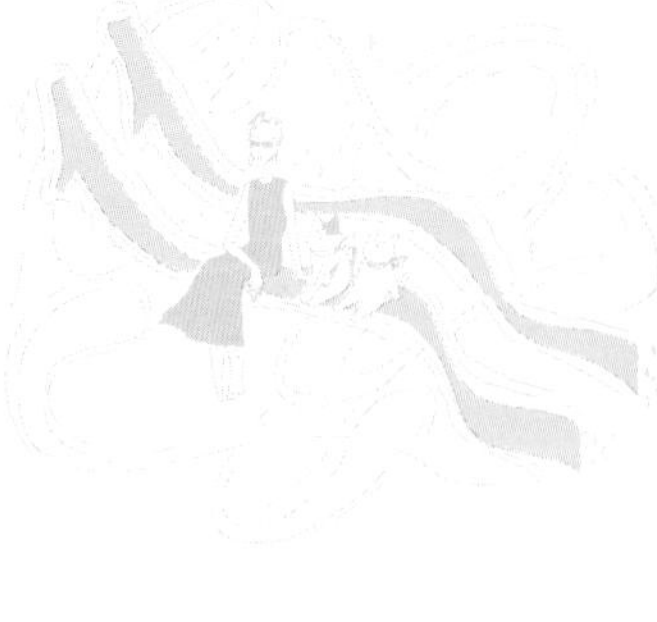

**コアナンバー「11」を読み解くキーワード**

導き、外からの力、スピリチュアル、
努力する、受け入れる、
結びつきの強まり、解消、
見えない世界とのつながり

べきことも自ずとわかってきて、迷うこともなくなるわ。

**【ゆだねる】**自分にできることは、最大限の努力をして。でも、がんばってもできないことは、受け入れればいいの。努力することは、あなた自身の人生へのリスペクト。受け入れることは、大いなるものへの畏敬の念よ。やるべきことは、自分の役割として丁寧にこなして。でも、あきらめるべきときは、あきらめて。それは別に、負けることじゃないわ。「自分でがんばる」、「流れにゆだねる」。これはあなたのための二つのマントラよ。

**【腹に従う】**仕事や学び、パートナーや家族との結びつきも強まってくる時期。ただ、それがあなたに必要なければ、関係が終わる場合もあるの。そういう流れがやってきたら、逆らわないこと。抵抗すると、エネルギーを無駄遣いしちゃうから。世間体や常識にとわられすぎず、腹の声に従って。〝腹〟は、果てしなく広がるスピリチュアルへの入り口。あなたと見えない世界をつなげている特別なところなの。

**相性の良いナンバー**

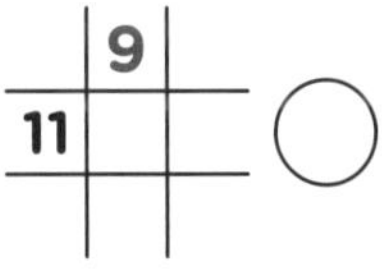


直観力にすぐれるソウル「9」。天からメッセージを受け取るコア「11」は好相性。

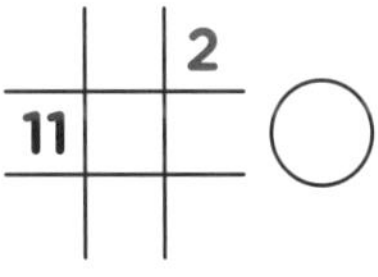


コア「11」とギフト「2」。天とも現実世界の人とも、強いつながりを作れそう。

**要注意なナンバー**

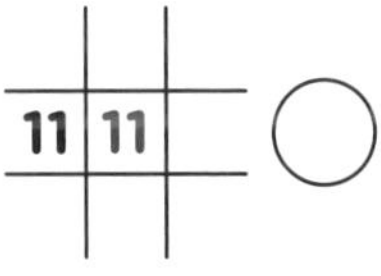


天の力を受け取れないレッスン「11」と受け入れるコア「11」の間で葛藤も。

Select Number.06

フィギュアスケート選手

# 羽生結弦

(1994年12月7日生まれ)

| | | | |
|---|---|---|---|
| 11 | 7 | 4 | |
| 8 | 3 | 5 | ⑥ |
| | 10 | 9 | |

満を持して登場いただくのが、フィギュアスケート界の人気者、羽生結弦さん。優れたスケーターだということ以外にも、彼には人をひきつける魅力があるの。それは、はっきり数字にあらわれてるから、解説するわ。

まず、自分の性質を表すソウルナンバーは「7」。ここから、羽生さんが「伝える人」だってことがわかるわ。彼は、試合に勝つために技術を磨くだけでなく、メッセージを伝えるために、氷上で舞う人なの。言葉にも力があるけれど、スケートの演技からも、たくさん伝わってくるものがあるでしょう?だからこそ、みんなが勇気をもらえるのね。彼が多くの人から愛される理由も、ここにあるのね。

課題を表すレッスンナンバーが「3」。楽しいことだけやっていたいし、気まぐれなところがあるので、集中力をキープするのも大変。アスリートとして日々、厳しい訓練を積み、モチベーションを保ち続けるのは、決して楽なことではないはず。3度目のオリンピックを目指すというキャリアの持ち主だけど、その間ずっと、意思と集中力を保つこと自体が、人生の大きな学びになっているんじゃないかしら。

ぱっと見の印象を示すプロジェクションナンバーは「11」で「天とつながっている人」。確かに、どこか神々しいようなイメージがあるわよね。ただ、実際の本人を表すコアナンバーは「8」。彼は戦う人、しかも、負けるのが大嫌いな人だということがわかるわ。大きな重圧の中で、日本中の人の期待を一身に背負って演技する、ここから最大限の実力を発揮できる人。舞台は大きければ、大きいほどいいの。

燃えるアスリートの羽生さんだけど、ギフトナンバーが「4」。実は冷静な観察眼を持っていて、自分を客観的に見つめることができるの。演技中も、落ち着いて自分を見ている「もうひとりの自分」がいるみたいな感じね。そして、今後、期待できそうなのが、演技力の高まり(パスト「5」)と、スケーターとしての成熟(アセット「9」)。キャリアを終えたあとは、スケートのコーチの道を歩むこともできそうよ。

人生の目的と果たす役割を示すパーパスナンバーが「6」。これは、心の数字。言葉にも振る舞いにも、メッセージがあふれる羽生さんだけど、今後はそこにハートのエネルギーが加わり、心に響く温かいメッセージを送ってくれるようになるわ。「6」は家族の数字でもあるの。自分の家族はもちろん、スケート界もそれ以外も巻き込んだ、ビッグファミリーを築いてくれそうよ。

# 第6章

# Gift Number
# Past Number
# Asset Number

# ギフト・パスト
# アセットナンバー

～あなたの持って生まれた強みを示す数字～

Gift Number!!

# ギフトナンバー

持って生まれた才能、強みを表す数字

Gift Number

ギフトナンバーは、持って生まれたあなたの強みを示す数字。この数字が強まるのは36歳ぐらいから。でも、子どものころから自分の強みとして自覚されることも多いの。ギフトは「贈り物」、「授かったもの」といった意味。天があなたに与えてくれたものだから、使わないと損しちゃう。ギフトの数字のいかし方のポイントは、36歳までの人生経験を踏まえた上で、このナンバーを使っていくこと。これは、30代

**算出方法**

西暦の生まれた年下2ケタを足した数
例：2004年生まれの場合
……0＋4＝「4」
1997年生まれの場合
……9＋7＝16→1＋6＝「7」

**数字が出やすい年齢**

36歳〜54歳

---

Past Number!!

# パストナンバー

過去から持ってきた才能、強みを示す数字

Past Number

パストナンバーは、あなたが生まれてくるときに、過去（過去生）から持ってきた数字。この数字のエネルギーは、あなたのDNAに組み込まれているの。この数字の特徴は、あなたの中で、確かに「強み」として存在しているけれど、すぐには感じ取れない、ということ。あなたにはこの数字がありますよ、と言われても、ピンとこないことも多いわ。自覚しやすい ギフトの数字と違って、パ

**算出方法**

西暦の生まれた年4ケタを足した数
例：2004年生まれの場合
……2＋0＋0＋4＝「6」
1997年生まれの場合
……1＋9＋9＋7＝26
→2＋6＝「8」

**数字が出やすい年齢**

36歳〜54歳

中盤からのあなたの人生をより充実させ、よどみなく進んでいくためのツールでもあるの。数字のエネルギーを内側で感じながら、あなたらしい使い方を探ってみて。

ストナンバーはあなたの奥にひっそりと存在しているのね。だからこそ、辛抱強く、意識的に育てていくの。いつか、数字のエネルギーが花開き、人生を生きるサポートとなると信じながら。

Asset Number!!

# アセットナンバー

Asset Number

## ギフトとパストをいかすと出てくる第三の才能、強みを示す数字

アセットナンバーは、ギフトナンバーとパストナンバーの両方の数字を使っていくことで得られる、あなたの第三の強みを示す数字。ポイントは、アセットの数字がすぐに、あなたを助けてくれるわけではないこと。ギフト＋パスト＝アセット、という数秘学の公式をおぼえておいて。アセットを強みとする方法は、まずは、子どものころからギフトの数字を強みとしていかすこと。次に、36歳前後からはパストの数字を、忍耐強く育てていくこと。すると、表れてくるのがアセットの数字。こんなからくりになっているのよ。ギフトナンバーとパストナンバーを、あなたなりの方法で使うところから始めていってね。

**算出方法**

ギフトナンバーとパストナンバーを足した数
例：ギフト「4」＋パスト「7」の場合
……4＋7＝「11」
ギフト「7」＋パスト「8」の場合
……7＋8＝15→1＋5＝「6」

**数字が出やすい年齢**

36歳～54歳

Gift Number!! 0

# ギフトナンバー「0」

## 「あなたは、潜在的なパワーを持っているの」

【カルマ】あなたは「スピリチュアルから与えられる力」を持って生まれてきているの。このパワーはあなたを助け、いつ何時もそこにあるもの。あなたは決して「ひとりきり」になることはないの、たとえ、物理的にはひとりぼっちだったとしても。この数字のエネルギーはつねにあなたを取り巻いている、大きな潜在的な可能性を秘めた数字。いろいろなことを可能にしてくれるけど、カルマ（＝業）を解放する力はそのひとつ。この数字は、36歳前後に強まってくるけれど、それと同時に、それまでのカルマや、過去生から持ってきていたカルマが一掃されるわ。

**ギフトナンバー「0」を読み解くキーワード**

スピリチュアルから与えられる力、
潜在的なパワー、可能性、
カルマからの解放

Gift Number!! 1

# ギフトナンバー「1」

## 「個性と独創性をいかして」

【独創性】あなたが持って生まれてきているのは、独創性やリーダーシップ、そして個性。独特の存在感とオリジナリティがあるの。始めたことは最後までやりとげようとする、意思の強さもあなたの強み。自分自身を引っ張る力があって、やると決めたらひとりでも進んでいけるし、新しい分野を開拓する忍耐強さと集中力、孤独に耐える力があるの。独特の世界観もあなたの魅力。エキセントリックだったり、他にはないようなアイデアは、すべてあなたの内から生まれてくるの。自分の中に、豊かな世界を持っているのよ。

**ギフトナンバー「1」を読み解くキーワード**

独創性、個性、存在感、
オリジナリティ、意思の強さ、
自分を導く力、内側の世界

Gift Number!! 2

## ギフトナンバー「2」

「気づかい上手で、柔らかい空気の持ち主よ」

【人とのつながり】幼少のころから強みとして持っているのが、つながり、結びつき、調和する力。目の前にいる人に真摯に向き合い、まっすぐつながることができるの。師や友人、パートナーとの関係にも恵まれるわ。いい意味での注意深さがあって、細やかな気配りができるのも、あなたの強み。面倒見がよく、気づかい上手。柔らかく穏やかなエネルギーを持っていて、向き合う人を大切にするので、あなたといると、自然な心地よさを感じるわ。あなたの良さは、1対1の関係で発揮されやすいことも、おぼえておいてね。

**ギフトナンバー「2」を読み解くキーワード**

パートナーや師とのつながり、
二者関係、気配り、注意深さ、
足りないものに気づく視線

Gift Number!! 3

## ギフトナンバー「3」

「明るく、軽やかに。前向き思考はあなたの財産」

【とらわれない心】あなたの明るさや軽やかさは、持って生まれたもの。あなたには、その場の空気を軽くして、みんなをハッピーにするエネルギーが満ちているの。ポジティブ思考で、どんなときにも前を向けるのは、あなたの最大の強み。辛いことがあっても暗い気持ちを引きずらず、一晩寝たらすっきり。自然にリセットされてるの。忘れ上手で、同じことを悩み続けないのは、人生に重要なスキル。人生は楽しむもの。風や川の流れのように、何にもとらわれずに、自由に生きて。

**ギフトナンバー「3」を読み解くキーワード**

明るさ、ポジティブ思考、
自由な発想、クリエイティビティ、
ハッピー体質

Gift Number!! 4

# ギフトナンバー「4」

## 「落ち着きと几帳面さがあるの」

【堅実さ】子どものころから持っているあなたの強みは、公平さと落ち着き、思考力。几帳面でまじめなところも、あなたの優れた資質なの。混乱した状況下でも、目の前で起きていることを静かに見守る目線があって、取り乱したり、パニックを起こしたりせずにいられるの。理論的で筋道の通った考え方ができるのも、すぐれた計画力や企画力もあなたの強み。堅実で確実な仕事ぶりは、まわりからも高い評価を受けるはずよ。瞑想をすると、あなたの資質にさらに磨きがかかるわ。ぜひ、日々の習慣にしてね。

**ギフトナンバー「4」を読み解くキーワード**

公平な目線、計画、オーガナイズ、
理論、落ち着き、計画力、
真面目さ、堅実、瞑想

Gift Number!! 5

# ギフトナンバー「5」

## 「アクティブな行動力はあなたの強み」

【経験主義】幼少期からあるあなたの強みは、行動力と多くの人とつながる力。じっとしているのが苦手でつねにアクティブ。暇だと退屈疲れしちゃうけど、動けば動くほどエネルギーが出てくるの。考えたり悩んだりせず、経験主義を貫いて。それがあなたの良さだから。家でのんびりというのは、あなたっぽくないの。日常的にエクササイズをすると行動のパワーも高まるはず。やる気が出ないときこそ、ぼんやりしてないで活動すること。変化を恐れず、新しいことにも気軽にチャレンジしてね。環境を変えると、充実感もアップするわ。

**ギフトナンバー「5」を読み解くキーワード**

身体、行動、変化、
ネットワーク、パフォーマンス、
先生、交友関係

Gift Number!!
6

# ギフトナンバー「6」

「鋭い感性と美意識があるの」

**【豊かな感情】**あなたに生まれつき備わっているのは、豊かな感情と優しさ、鋭い感性と美意識。強い癒しのパワーの持ち主で、あなたがそこにいるだけで、そばにいる人がまったりとくつろぎ、心地よい気分になるの。体が変化していくように、心も日々変わっていくもの。どんなときにも、感情や思いの流れを止めずに、好きという気持ちを大事にして。そして、心を開き、心の奥底からやってくる声に丁寧に耳を傾けて。すると、自分に何が必要なのかも、自然にわかってくるわ。

**ギフトナンバー「6」を読み解くキーワード**

心、感情、思い、ハート、
繊細さ、感性、美意識、
癒し、好きという気持ち

Gift Number!!
7

# ギフトナンバー「7」

「発信力と伝える力の持ち主よ」

**【自己表現】**子どものころから持っているのは、伝える力と対話力。メッセージを魅力的に発信できるのもあなたの強み。心の思いや言いたいことを、話したり、書いたり、歌ったりして伝えると、まわりは自然に興味を持って、あなたの声に耳を傾けるはず。SNSを活用してみて。短い文章やコメントに、あなたのエッセンスをぎゅっと凝縮して、日々の自己表現の場にするの。心の中が混沌としてきたら、ひとり時間をとってみて。心がリセットされて、自分の軸を取り戻せるわ。

**ギフトナンバー「7」を読み解くキーワード**

メッセージ、発信、対話、
コミュニケーション、SNS、
内省、ひとりの時間

Gift Number!! 8

## ギフトナンバー「8」

「パッションと強いメンタルがあるの」

【走り続ける力】あなたの強みは、ねばり強さとパッション。「こうしたい」という意欲が沸いたら、あきらめずに続けていけるメンタル。これは、持って生まれた特別な性質。気合いがあれば、エネルギーは無尽蔵に出てきて、海で泳ぎ続ける魚のように、休み知らずで動けるの。目的がないと、退屈と倦怠に襲われるので「つねに情熱の火を燃やしている」ぐらいがちょうどいいの。アドレナリンを味方につけて、ゴールに向かって突っ走れるのがあなたのすごさ。困難には負けないわよ！　という、戦う気持ちを持ち続けて。

**ギフトナンバー「8」を読み解くキーワード**

ねばり強さ、パッション、
パワー、エネルギー、意欲、
強いメンタル、情熱、アドレナリン

Gift Number!! 9

## ギフトナンバー「9」

「知的好奇心を満たし、直感力を育んで」

【極める】あなたが幼少期から強みとして持っているのは、知的好奇心と学びへの意欲。本を読んだり調べたり、情報収集したりが楽しくて、時を忘れて没頭することも。聡明で頭の回転が早いけれど、学びに時間を費やすことで、脳の働きはさらに強まり、直観力も育ってくるわ。どんなことでもいいので、何かひとつを選んで徹底的に学んでみて。知らないことはない、というぐらいまで極めるの。するとそれがあなたの軸となって、学びの道がさらに充実するわ。

**ギフトナンバー「9」を読み解くキーワード**

知的好奇心、学習意欲、
情報収集、聡明さ、直観力、
研鑽、徹底的な学び

Gift Number!! 10

## ギフトナンバー「10」

### 「意思の強さとリーダーシップをいかして」

**【リーダーの資質】** 幼少のころからあなたが強みとして持っているのは、リーダーシップと意思の強さ。人から注目されるような、強い存在感も。あなたにはリーダーの才があり、人を引っ張っぱる役割が自然にこなせるの。明確な自己像とヴィジョンを持って人生を歩んでね。迷ったり、つまずいたりしても、自分を失わないのがあなたのすごさ。自信と勇気を持って、どんなことにも全力投球。自分の持っている可能性を、大きく実現させられるあなたは、まわりから尊敬され、憧れられるわ。

**ギフトナンバー「10」を読み解くキーワード**

リーダーシップ、意思の強さ、
存在感、ビジョン、自信、
勇気、可能性、実現力

Gift Number!! 11

## ギフトナンバー「11」

### 「目に見えない力への、絶対的な信頼感」

**【身をゆだねる】** スピリチュアルの力を信じ、運命の流れに身をゆだねられるのが、あなたの強み。すべき努力はしながらも、自分のコントロールの範ちゅうにないことが起こったら、じたばたせずに受け入れられるの。たとえいまいちな一日だったとしても「今日はこういう日」と自然に思えるのは、前向きに人生を進んでいくための最強のツールね。人知を超えた大きな力に支えられ、人生の流れに乗りながら、絶対的な安心感を持って生きていく。目に見えない力はつねに、あなたとともにあり、そこへの信頼は、揺らぐことがないの。

**ギフトナンバー「11」を読み解くキーワード**

スピリチュアルの力、
運命の流れ、大いなる力、
流れ、絶対的な安心感

Past Number!! 2

## パストナンバー「2」

「真正面から向き合う力に気づき、育てて」

**【正面から向き合う】** あなたの中をよく探すと見つかるのが、目の前のものに対する集中力。いい意味での慎重さと、注意深さも。これは、あなたが過去生から持ってきた強みなので、今世でいかすには少し努力が必要なの。まずは、自分の中に持っている、こんな性質に気づいてね。目の前のものに真正面から向き合えるのは、あなたの特別な力。気配り上手で、大事な人とは強い関係を築けることも。仕事、家庭を問わず、先回りして必要なことをやってあげられる、サポートの達人でもあるわ。

**パストナンバー「2」を読み解くキーワード**

つながる力、1対1の関係、
慎重さ、注意深さ、
気配り、世話好き

Past Number!! 3

## パストナンバー「3」

「楽しんでいるうちに、ハッピー体質が出てくるわ」

**【気楽さ】** 明るさ、軽さ、人生への前向きな姿勢。これはあなたが過去（生）から持ってきたもの。あなたの強みだけれど、あまり馴染みがない、と感じることも。ポイントは「気楽」。あなたの中にいる小さな子どもが、いつもハッピーでいられるように、真剣になりすぎず、軽やかに。好きなように遊び、腐らず、悩まず、いつだって笑顔。大人になっても楽しむのを忘れないで。子どもの心を持ち続け、遊び、幸せな気分でいられれば、この数字が自然に出てくるわ。

**パストナンバー「3」を読み解くキーワード**

明るさ、軽さ、前向きさ、
ハッピー、子ども心、遊び、
楽しみ、自由な発想、創造性

Past Number!! 4

# パストナンバー「4」

## 「あなたの中の落ち着きと、穏やかさを探って」

【冷静な思考】　あなたの内側を探ってみると見つかるのが、落ち着きと冷静な観察眼。理論的思考と計画力。自分にこんな資質はないと思っても、時間をかけて育てていって。普段は元気いっぱい、穏やかさとは無縁という人も、どこかで「静かな時間」を持ってみて。そこで生まれる波風立たない心は、混沌とした状況でも安らいでいられる、強くしなやかなマインドを作るから。瞑想を日々の習慣にしてね。静かで乱れないマインドは、あなたの人生を支えるスーパーパワーになるわ。

**パストナンバー「4」を読み解くキーワード**

落ち着き、冷静さ、観察眼、
理論、真実、瞑想、
波風立たないマインド

Past Number!! 5

# パストナンバー「5」

## 「まずは、体を動かすことから始めてみて」

【論より証拠】　あなたの奥に隠れているのが、行動力や変化に対応する力。ネットワークの広さ、パフォーマンス力も、あなたが持っている強みなの。自分にこんな能力はないと思っても、「ある」と信じてやってみて。まずは、身体を動かすこと。そして、行動すること、いろいろな人に会うこと。こんな力を引き出すためのマントラは「論より証拠」。考えるのは後回し、とりあえずやってみる、という姿勢を身につけて。人前に出る機会があれば、臆さず出ていってね。目立つことにも慣れるいいきっかけになるわ。

**パストナンバー「5」を読み解くキーワード**

身体、行動、変化、
ネットワーク、パフォーマンス、
エクササイズ

Past Number!! 6

# パストナンバー「6」

## 「心の奥をのぞいてみて」

**【隠れた感情】** あなたの奥まったところに隠れているのは、繊細な心と感情、癒しのパワー。あなたは、自分の気持ちに、十分意識を向けられている？　少しの間、立ち止まり、心の動きに注目する習慣をつけて。そこには、自分の思いや、好き、嫌いという気持ち、心に浮かんでは消えていく、色とりどりの感情があるわ。義務感からではなく、心から望むこと、好きなことをしてね。すると、心が自然に開いてきて、大事な人はもっと大事に、愛する人は、もっと愛せるようになるわ。

**パストナンバー「6」を読み解くキーワード**

心、感情、癒し、
気持ち、家族、心の愛、
好きという気持ち

Past Number!! 7

# パストナンバー「7」

## 「言いたいことを、声にする習慣をつけて」

**【伝える力】** あなたの奥から引っ張り出して、ゆっくり育てたいのが、伝える力と発信力、コミュニケーション力。強みとして過去（生）から持ってきたものだから、違和感があっても、忍耐強くつきあって。心の声に正直になることが大事。言いたいことがあったら、内にため込んでいてはいけないわ。積極的に言葉に出すようにしてね。はじめのうちは、ためらう気持ちがあっても、だんだん慣れて、「伝える、伝わる」、「言葉にする」ことが、あなたの喜びになるはずよ。

**パストナンバー「7」を読み解くキーワード**

コミュニケーション、
発信、メッセージ、対話、
言葉、心の整理整頓、SNS

Past Number!! 8

# パストナンバー「8」

## 「向かうところ敵なし、のパワーを引き出して」

【秘めた力】自覚はなくても、内側を探してみると出てくるのが、プラーナ（生命力）、エネルギー、実行力やお金。あなたは、自分が思っている以上にパワフル。目的に向かう力や、目標達成のために注げるエネルギーは、普通の人とはけた違い。強靭なメンタルと心身のタフさ、失敗を恐れない精神があり、お金の扱いに長け、ビジネスセンスもあるわ。自分の持っている、こういう強みに気づいてくると、だんだん「向かうところ敵なし」という気分になってくるはず。人生の道をまい進して。

**パストナンバー「8」を読み解くキーワード**

プラーナ（生命力）、エネルギー、
お金、ビジネス、実行力、
パワー、敵なし

Past Number!! 9

# パストナンバー「9」

## 「ひとつのことを集中して学んで」

【知的探求心】時間と忍耐を持って取り組むと、あなたの中で育ってくるのが知識と研さん、知的好奇心と学習意欲。知りたいというピュアな気持ちを、学び、調べ、リサーチしながら満たしていくと、そこで身についた知識や経験は、揺らぐことのないあなたの軸となるはず。ひとつのことを徹底的に、集中して学んでみて。世の中の見え方が変わってくるわ。学んだ知識はひとりで囲い込まず、人にシェアし、いらなくなったら、惜しまずに手放すことも大事。するとまた、あなたに必要な新たな知識や情報が入ってくるわ。

**パストナンバー「9」を読み解くキーワード**

学び、智慧、知識、知的好奇心、
学習欲、執着しない、
手放す、終わり、完結

# パストナンバー「10」

Past Number!! 10

「明確な目的を持って、全力投球よ」

【開花へのステップ】自分で気づいていなくても、あなたにはリーダーシップの才、意思の強さ、母性、可能性を実現する力があるの。こういった強みを育てていくとき必要なのが、自分を知ること、明確な目的を持つこと、全力投球すること。自分自身を導くのがはじめの一歩。クリアな目的意識を持って、すべてに取り組んでみて。すると、人を引き寄せる存在感とカリスマ性が出てくるから。揺るがない自信がついたら、可能性の開花が近づいているサイン。あなたの願いも「あたりまえのように」実現するわ。

**パストナンバー「10」を読み解くキーワード**

リーダーシップ、存在感、
実現力、母性、全力投球、
１００％、輝き、磁力

# パストナンバー「11」

Past Number!! 11

「身に起きたことすべてを受け取る練習を」

【物質を超えた先】あなたは、自分のどこかにスピリチュアルとのつながりを持っているの。スピリチュアルは、物質世界を超えたところにあるもの。運命、大いなる流れ、自然、不思議な偶然とも言えるかも。小さな意識の変換が、こういうパワーを体感するきっかけになるわ。自分ですべてを解決しようとせず、大きな力にゆだねたり、身に起きたことを「与えられたもの」として受け取ってみて。はじめは違和感があっても、それはだんだん、あなたの一部になってくるはずよ。

**パストナンバー「11」を読み解くキーワード**

スピリチュアルとのつながり、
運命、大いなる流れ、
不思議な偶然、ゆだね受け取る、

022 Asset Number!!

# アセットナンバー「2」

## ギフト「0」、パスト「2」、アセット「2」の場合

アセットナンバー「2」を読み解くキーワード
つながり、調和、結びつき、人間関係、1対1の関わり

**【大切な関係】** ギフト0、パスト2をいかすことで、あなたが得るのがアセット2。これは、二者関係、つながりを示す数字よ。この数字をあなたの強みにするためには、持って生まれたあなたの持つ力、潜在的な可能性を認め、受け入れること（ギフト「0」）。パートナー、友人、グルや師との間に親密な関係を築くこと、すべてに真正面から向き合うこと（パスト「2」）。すると、あなたを囲む人たちとの絆が強まり、それまで以上に大切な関係となって、さまざまな局面であなたを助けてくれるわ。

573 Asset Number!!

# アセットナンバー「3」

## ギフト「5」、パスト「7」、アセット「3」の場合

アセットナンバー「3」を読み解くキーワード
発想の自由、前向き思考、遊び、子ども心、創造性、楽、明るさ、柔軟性、流れ

**【積極的な対話】** ギフト「5」、パスト「7」を使うことで、あなたが得るのがアセット「3」。これは、プラス思考と自由な発想、遊びの数字。そのために、あなたがすべきなのは、考えたり悩んだりせずに、まずやってみること、人とのつながりを広げていくこと（ギフト「5」）。対話を大切にすること、隠しごとをせず、自分の声を発すること（パスト「7」）。すると、あなたの人生に、明るさと軽やかさが生まれ、すべてを楽しめるようになるわ。人生の流れに乗りながら、自由に遊ぶように生きていけるの。

10
11
3 Asset Number!!

# アセットナンバー「3」

## ギフト「10」、パスト「11」、アセット「3」の場合

**【自分らしさ】** あなたの中に静かに眠っているのが、自由なマインドと発想、柔軟性、子ども心。これは、ギフト「10」とパスト「11」を使うことで表れてくる、アセット「3」の性質なの。そのために、あなたがすべきなのは、どんなときにも自分らしく生きること、人を導き、引っ張るリーダーの意識を持つこと（ギフト「10」）、天、大いなる存在とつながり、メッセージを受け取りながら歩むこと（パスト「11」）。すると、最終的にすべてが「楽」に感じられてくるわ、自由な子ども時代を取り戻したかのように。

**アセットナンバー「3」を読み解くキーワード**

発想の自由、前向き思考、遊び、子ども心、創造性、楽、明るさ、柔軟性、流れ

10
2
3 Asset Number!!

# アセットナンバー「3」

## ギフト「10」、パスト「2」、アセット「3」の場合

**【希望と信頼】** あなたの内には、身軽さと明るさ、プラス思考と柔軟なマインドがあるの。これはギフト「10」とパスト「2」を使うと出てくる、アセット「3」の性質よ。「3」を新たな強みとするために、あなたに必要なのは、自分を信じて人生の道を歩むこと、明確なヴィジョンと叶えたい望みを持つこと（ギフト「10」）、心から信頼できるパートナーや親友、グルや師の存在（パスト「2」）。すると、子どものような自由さと、遊ぶように生きる姿勢、人生を前向きにとらえる視線が生まれてくるの。

**アセットナンバー「3」を読み解くキーワード**

発想の自由、前向き思考、遊び、子ども心、創造性、楽、明るさ、柔軟性、流れ

1
3
4 Asset Number!!

## アセットナンバー「4」

### ギフト「1」、パスト「3」、アセット「4」の場合

**【自由な発想を形に】** あなたの奥で眠っているのが、思考力と冷静な判断力、計画力と先を見通す力。これは、ギフト「1」とパスト「3」をいかして得られるアセット「4」の性質。そのために必要なのは、自分自身をよく知ること。あなた独自のアイデアや創造性を、外の世界へ表現すること（ギフト「1」）、自由で柔軟なマインドを持ち続けること、遊び、楽しみながら、軽やかに生きること（パスト「3」）。すると、あなたのアイデアを計画的にまとめ、形にする方法がわかってくるわ。

**アセットナンバー「4」を読み解くキーワード**
公平な観察眼、思考力、判断力、まとめる力、落ち着きと穏やかさ、慈しみ、

6
7
4 Asset Number!!

## アセットナンバー「4」

### ギフト「6」、パスト「7」、アセット「4」の場合

**【心に正直に】** あなたの中には、理論的に考える力、冷静な観察眼、公平な目線が潜んでいるの。これは、ギフト「6」とパスト「7」をいかすと出てくるアセット「4」の性質。あなたに大切なのは、心を開き、感情を受け止め、気持ちとともに生きること。自分の中の癒しのエネルギーに気づくこと（ギフト「6」）、心の思いを伝え、うそをつかず、秘密を持ちすぎないこと、対話を大事にすること（パスト「7」）。すると、離れたところから静かに全体を観察するような、穏やかなマインドが生まれてくるわ。

**アセットナンバー「4」を読み解くキーワード**
公平な観察眼、思考力、判断力、まとめる力、落ち着きと穏やかさ、慈しみ

10
3
4 Asset Number!!

## アセットナンバー「4」

### ギフト「10」、パスト「3」、アセット「4」の場合

**【望みのまま楽しむ】**あなたの奥底に隠れているのが、穏やかなマインド、理論的な思考、計画性、慈しみの気持ち。これはギフト「10」とパスト「3」を使うと出てくるアセット「4」の性質。あなたが取り組むべきなのは、自分の願いや望みを明確にすること、自分を信じる強い心を育てること（ギフト「10」）、永遠の少年少女でいること、遊び、楽しみ、笑うこと（パスト「3」）。すると、静かなマインドと、ものごとをありのままに見つめる観察眼、あらゆる存在や出来事を受け入れ、慈しむ気持ちが生まれてくるわ。

**アセットナンバー「4」を読み解くキーワード**

公平な観察眼、思考力、判断力、まとめる力、落ち着きと穏やかさ、慈しみ、

6
8
5 Asset Number!!

## アセットナンバー「5」

### ギフト「6」、パスト「8」、アセット「5」の場合

**【好きを糧に】**あなたの奥に潜んでいるのが、行動力、変化に対応する力、パフォーマンス力とスター性。これはギフト「6」とパスト「8」をいかすと表れてくる、アセット「5」の性質。そのためにあなたに必要なのは、感情を繊細に感じ取ること、好きという気持ちを大事にすること（ギフト「6」）、身に起きた出来事すべてを自分の糧とすること、自分に決して負けないこと（パスト「8」）。するとそこから、これまでないような行動へのパワーが生まれ、考えすぎることなく「まずやってみよう」という勇気が出てくるわ。

**アセットナンバー「5」を読み解くキーワード**

身体、行動力、経験、ネットワーク、変化、出会い、先生、教え

11
3
5 Asset Number!!

# アセットナンバー「5」

## ギフト「11」、パスト「3」、アセット「5」の場合

**【柔軟な思考】**　あなたには、行動力、臨機応変な対応力、パフォーマンス力やスター性があるの。これは、ギフト「11」とパスト「3」を強めると表れてくるアセット「5」の性質よ。自分を超えた大きなものとつながること、すべてをあるがままに受け入れること（ギフト「11」）、子ども心を忘れないこと、創造性と自由な発想を生活の中でいかすこと（パスト「3」）。すると、思い切りのいい行動力と、変化に対応する柔軟性が生まれてくるわ。あなたの人生経験もより豊かになるはずよ。

**アセットナンバー「5」を読み解くキーワード**
身体、行動力、経験、ネットワーク、変化、出会い、先生、教え

2
3
5 Asset Number!!

# アセットナンバー「5」

## ギフト「2」、パスト「3」、アセット「5」の場合

**【人生の指針】**　あなたが気づかずに持っているのが、行動力とネットワーク力、変化に対応する力。経験を教えとして伝えることや、人前に立つことも得意。これは、ギフト「2」とパスト「3」をいかすと出てくる、アセット「5」の性質。パートナーや師、グルとつながること、目の前のものに真正面から向き合うこと（ギフト「2」）、マインドを解放して自由に考え、遊びを大切にすること（パスト「3」）。すると、どう行動すべきか、どんな人とつながるべきかがわかり、あなたの人生経験が底上げされるわ。

**アセットナンバー「5」を読み解くキーワード**
身体、行動力、経験、ネットワーク、変化、出会い、先生、教え

2
4
6 Asset Number!!

# アセットナンバー「6」

ギフト「2」、パスト「4」、アセット「6」の場合

【冷静かつ真摯な目線】あなたの中に静かに眠っているのは、心、感情、癒しとヒーリング。繊細さ、祈り、優しさ。これは、ギフト「2」とパスト「4」をいかすと得られるあなたの強み、アセット「6」の性質。1対1のつながりを大事にすること、真正面から誠実に向き合うこと（ギフト「2」）、ものごとの全体を冷静に見つめる瞑想的な視線と、筋道の通った理論的な思考を育てること（パスト「4」）。すると、心の働きが活発になり、癒しのエネルギーとともに、気持ちや思いを感じ取るようになるの。

**アセットナンバー「6」を読み解くキーワード**

心、感情、思い、気持ち、家族、癒し、家、祈り、アート、

7
8
6 Asset Number!!

# アセットナンバー「6」

ギフト「7」、パスト「8」、アセット「6」の場合

【心のエネルギー】あなたの内側の深いところに潜んでいる、感性、繊細な心、優しさ、祈り、癒しのエネルギー。これは、ギフト「7」とパスト「8」を使うと出てくるアセット「6」の性質なの。あなたが取り組むべきことは、ひとりの時間を持って、心の内を整理整頓すること、そこで見つけた、伝えるべきメッセージを発信すること（ギフト「7」）、責任感を持って生きること、目標やゴールを定め、怖気づかず突き進むこと（パスト「8」）。すると、心のエネルギーが強まり、行動を起こすパワーを強めてくれるわ。

**アセットナンバー「6」を読み解くキーワード**

心、感情、思い、気持ち、家族、癒し、家、祈り、アート、

11
4
6 Asset Number!!

# アセットナンバー「6」

## ギフト「11」、パスト「4」、アセット「6」の場合

**【あるがままに】**　ギフト「11」とパスト「4」をいかしていくと、新たな強みが出現するの。それは、心、感情、祈り、気持ち、癒し。これは、アセット「6」の性質なの。スピリチュアルなもの、天、大いなる流れとつながること。自分に与えられたものを素直に受け取ること（ギフト「11」）。ものごとに優劣をつけず、ありのままに観察すること。落ち着いたマインドを保つこと（パスト「4」）。すると、あなたの心は自然に開き、自由な感情と思いが生まれてくるの。癒しのパワーが強まり、あなたの周囲の空気がゆるみ、温かい雰囲気に満たされていくわ。

> **アセットナンバー「6」を読み解くキーワード**
> 心、感情、思い、気持ち、家族、癒し、家、祈り、アート

3
4
7 Asset Number!!

# アセットナンバー「7」

## ギフト「3」、パスト「4」、アセット「7」の場合

**【心を発信する】**　あなたの中に静かにたたずんでいるのが、対話力、発信力、メッセージ。これはギフト「3」とパスト「4」を使っていくと強まる、アセット「7」のエネルギー。新たな「7」という強みを得るために、あなたにできるのは、人生のあらゆる経験をポジティブにとらえること、明るく軽やかに、自由なマインドを持って生きること（ギフト「3」）、落ち着いた静かなマインドと、全体を見渡す目線を育てること（パスト「4」）。すると、自由奔放なマインドをひとつの形にまとめ、メッセージとして発信する力が育ってくるわ。

> **アセットナンバー「7」を読み解くキーワード**
> メッセージ、伝えること、発信、声、内省、書く、話す、歌う、SNS、

797 Asset Number!!

## アセットナンバー「7」

ギフト「7」、パスト「9」、アセット「7」の場合

**【伝える力】** ギフト「7」とパスト「9」の数字をいかすと、あなたのもうひとつの強みが出現するの。それは「7」。ギフトの数字と同じだけれど、こちらはもっとパワーアップした「7」よ。あなたの伝える力が強まり、声はよりパワフルに、多くの人へメッセージが届くようになるわ。自分の内側を見つめること、身のまわりの空間を整えること（ギフト「7」）。ひとつのことを徹底的に学ぶこと、執着せず手放すこと（パスト「9」）。すると「伝えたい」という気持ちが高まり、書く、話す、歌うというツールを通して、表現できるようになるわ。

**アセットナンバー「7」を読み解くキーワード**

メッセージ、伝えること、発信、声、内省、書く、話す、歌う、SNS

358 Asset Number!!

## アセットナンバー「8」

ギフト「3」、パスト「5」、アセット「8」の場合

**【行動が原動力に】** ギフト「3」とパスト「5」をいかすことで、新しく出てくるのが「8」。この数字は、生命力、プラーナ、実行力、エネルギーを示すの。パワフルで、やる気とパッションにあふれ、負けず嫌いなのが特徴。まずは、自由な発想力とプラス思考を高めること。明るく軽やかに、遊びのように人生を楽しむこと（ギフト「3」）。思いついたら即行動。悩まず、まずやってみる姿勢をデフォルトにすること（パスト「5」）。すると、そこからパワーと実行力が生まれ、やりたいことは何でも達成できるはず。お金が入ってくることもあるわ。

**アセットナンバー「8」を読み解くキーワード**

エネルギー、パワー、責任感、実行力、報酬、お金、ビジネス、成果、結果、折れない心

8
9
8 Asset Number!!

# アセットナンバー「8」

ギフト「8」、パスト「9」、アセット「8」の場合

【エネルギーの高まり】ギフト「8」とパスト「9」を育てていくと、出てくるのがアセット「8」。ギフトナンバーと同じだけれど、こちらは、さらにパワーアップした「8」よ。エネルギーとパワー、お金とビジネス、実行力と成果を出す力、こんな「8」の性質はすべてあなたの強み。どんな体験も自分の糧とすること、折れない心を培うこと（ギフト「8」）。

アセットナンバー「8」を
読み解くキーワード

エネルギー、パワー、責任感、実行力、報酬、お金、ビジネス、成果、結果、折れない心

何かひとつを選び、徹底的に学ぶこと、なにごとも抱え込まず手放すこと（パスト「9」）。すると、あなたのエネルギーはさらに高まり、責任のある立場を任されたり、報酬を受け取ったりすることもあるわ。

4
5
9 Asset Number!!

# アセットナンバー「9」

ギフト「4」、パスト「5」、アセット「9」の場合

【見極める力】あなたの奥に潜んでいる強みは、知的好奇心、情報収集力、成熟、直観力。これは、ギフト「4」、パスト「5」をいかすことで表れる、アセット「9」の性質なの。自分の意見や、好き嫌いに左右されないニュートラルな目線と、論理的な思考力を持つこと（ギフト「4」）、考えているだけでなく、実際に行動を起こすこと、広い人的ネットワークを持つこと（パスト「5」）。すると、あなたに必要な情報を見極める直観力が生まれ、効率のよい思考や行動へと自然に導かれていくはずよ。

アセットナンバー「9」を
読み解くキーワード

知的好奇心、学び、知識、智慧、学習、成熟、完結、マスター、直観力、自己研鑽

8
10
9 Asset Number!!

## アセットナンバー「9」

ギフト「8」、パスト「10」、アセット「9」の場合

**【突き進んだ先に】** ギフト「8」とパスト「10」を使っていくことで、強みとして出てくるのがアセット「9」。これは、知識、学び、学習意欲、完結、マスター、直観などの数字なの。目標達成のためにたゆまぬ努力をすること、任されたら絶対的な責任感を持ってこなすこと（ギフト「8」）。ゴールや目的に向かって恐れず進んでいくこと、自分を信じ、強い気持ちを持ち続けること（パスト「10」）。すると、必要な知識や情報が自然に集まってきて、その時々に何をすべきかを知る直観力も高まってくるの。

**アセットナンバー「9」を読み解くキーワード**

知的好奇心、学び、知識、智慧、学習、成熟、完結、マスター、直観力、自己研鑽

4
6
10 Asset Number!!

## アセットナンバー「10」

ギフト「4」、パスト「6」、アセット「10」の場合

**【進むべき道】** ギフト「4」とパスト「6」を使うと、そこからもうひとつ、あなたの強みとなる数字が生まれてくるの。それは「10」、リーダーシップ、可能性を実現する力、輝き、磁力の数字よ。自分の考えや意見にとらわれず、落ち着いた目で世界を見ること、先を見通してこの先の計画を立てること（ギフト「4」）。心の思いや感情に従うこと、自分の中の癒しのエネルギーに気づき、自分や人のためにいかすこと（パスト「6」）。すると、マインドと心が研ぎ澄まされ、あなたが進むべき道や目指す目的も明確になるわ。

**アセットナンバー「10」を読み解くキーワード**

リーダーシップ、可能性の実現、輝き、存在感、自分らしさ、引き寄せ、磁力

9
10
10 Asset Number!!

## アセットナンバー「10」

ギフト「9」、パスト「10」、アセット「10」の場合

【高まる存在感】ギフトの「9」とパストの「10」を使うと出てくるのが、もうひとつの強み、アセット「10」。パストの数字と同じだけれど、もっとパワーアップした「10」よ。知的好奇心を持つこと、ひとつのことを徹底的に学ぶこと（ギフト「9」）。自分を信じて進むこと、願いや目的を明確にすること（パスト「10」）。すると、意思の力と自信が高まり、行くべき道がはっきりしてくるの。存在感とカリスマ性が増して、まわりには人が集まって、リーダーシップを発揮できるようになるわ。

**アセットナンバー「10」を読み解くキーワード**

リーダーシップ、可能性の実現、輝き、存在感、自分らしさ、引き寄せ、磁力

5
6
11 Asset Number!!

## アセットナンバー「11」

ギフト「5」、パスト「6」、アセット「11」の場合

【心からの安らぎ】ギフト「5」とパスト「6」をいかすと出てくる、もうひとつの強みがアセット「11」。これは、スピリチュアルとのつながりを示す数字。変化を恐れず、積極的に行動し、多くの人と交流すること（ギフト「5」）。心に浮かんでくる感情を感じ取り、いつも心を開いていること（パスト6）。すると、自然に天とのつながりを感じられるようになってくるわ。いいこともそうでないことも、与えられたものとしてただ受け入れてみて。それが、絶対的な安心と安らぎへの入り口だから。

**アセットナンバー「11」を読み解くキーワード**

スピリチュアルとのつながり、大いなる流れ、宇宙、自然、絶対的な安らぎと安心

9
11
11/2
Asset Number!!

# アセットナンバー「11/2」

ギフト「9」、パスト「11」、アセット「11/2」の場合

【大いなる導き】ギフトの「9」とパストの「11」を使っていくと、もうひとつ出てくる強みがアセット「11／2」。これは、スピリチュアルとのつながりを示す数字。知的好奇心を絶やさず学びを続け、知識やスキルを身につけること（ギフト「9」）、目には見えないけれど、すべてに影響を与えているエネルギーとつながること（パスト「11」）。こうして生きていくと、あなたと大いなるもの、スピリチュアルとのつながりはさらに深まり、そこから導きとメッセージを受け取るはずよ。

**アセットナンバー「11/2」を読み解くキーワード**
スピリチュアルとのつながり、大いなる流れ、宇宙、自然、絶対的な安らぎと安心

※アセットの「20」は「2+0=2」とせず、「11」に置き換えて読むことが多い。

9
2
11
Asset Number!!

# アセットナンバー「11」

ギフト「9」、パスト「2」、アセット「11」の場合

【強固な結びつき】ギフト「9」とパスト「2」をいかしていくと、あなたにはもうひとつの強みが得られるの。それはアセット「11」。スピリチュアルのつながりを示す数字よ。知的好奇心を持ち続けること、ひとつのことを選んで徹底的に身につけること（ギフト「9」）。パートナーや師などと1対1の結びつきを強めること、すべてに真正面から向き合うこと（パスト「2」）。すると、あらゆるものが結びついているという感覚が自然に生まれ、大切な人たちとの精神的な結びつきが強まるわ。

**アセットナンバー「11」を読み解くキーワード**
スピリチュアルとのつながり、大いなる流れ、宇宙、自然、絶対的な安らぎと安心

# 第7章

# Purpose Number
# パーパスナンバー

～あなたの人生の目的を表す数字～

Purpose Number!!

# #◎ パーパスナンバー

あなたの人生の目的と、果たすべき役割を示す数字

Purpose Number

パーパスナンバーは、あなたの人生の目的と、果たすべき役割を示す数字。人生の目的なんて言われると、どうしても気になってしまうけど、パーパスナンバーが強く出てくるのは54歳ぐらいから。その年齢に達していれば大切な数字よ。ただ、それはまだ先のことという場合には、急がず焦らず、そのときに「がんばる」べき数字を意識するようにして。チャートのポジションには、対応する年齢があるんだったわよね、思い出して。

この数字の興味深いところは、これが大事なナンバーだということを、自分で無意識にわかっていること。子どものころに、この数字を感じ取っていたという「数字経験」をする人は多いわ。と言っても、若いうちからパーパスナンバーにこだわりすぎないで。この数字があるのは、チャートの外。ハ

## 算出方法

ソウルナンバー＋コアナンバー
例：ソウル「8」＋コア「7」の場合
……８＋７＝１５→１＋５＝「6」
※もしくは、生年月日の数字を全て足す。
例：１９７９年4月17日の場合
……１＋９＋７＋９＋４＋１＋７
＝３８→３＋８＝「11」

**－数字のエネルギーが特に強くなる時期－**
54歳～

ウス内の数字と違って未知の領域の数字。その時、つまり54歳が近づくまで、どうなるのかはわからないのよ。

パーパスは「目的」だけれど、ここにもうひとつ、大切な意味があるのを忘れないで。それは「果たすべき役割」という部分。人生の目的は、自分が満たされ、幸せになるだけじゃないの。これは、人のために自分をどう役立てるのか、その方法を教えてくれる数字でもあるの。人は、自分ひとりでは幸せになれないでしょ？　パーパスナンバーは、世のため人のために、あなたが果たすべき役割が何かを示しているのよ。

54歳になったら、この数字を徹底的に意識して。大きな変化が起こる時期でもあるけれど、あくまでも〝数字の教えに忠実に〟行動するのが数秘学の道。同時に、ソウルナンバー、コアナンバーをいかすのもポイント。コア、ソウル、パーパスの数字は3つ合わせてパーパスパス（パーパスへの道）と呼ばれる大切な数字。54歳以降は、ソウル、コアを使いながら、パーパスの数字を最大限にいかす、というのがヨガ数秘学の教えなの。

Purpose Number!!

2

# パーパスナンバー「2」

## 「あらゆることに真正面から向き合って」

**【向き合う】** カギとなるのは「つながりと関係」。満ちたりた幸福を得るために、あなたには二者関係が特に重要。パートナー、師、友人や家族と親密な関係を築けている？ 人だけでなく、ペットの動物とのつながり、没頭できる仕事、学び、趣味なども大切よ。すべてに対して「真正面からまっすぐに」が、この時期のあなたのテーマ。恋人同士が向き合うように、斜めからではなくて、まっすぐな目線で取り組んでいくの。

**【自立】** あなた自身の自立も大切。あなたとパートナー（友人、師）との関係は、あくまで対等なものであるべきなの。パートナーに尽くすだけ、師から教えを受けるだけ、というのでは不十分。対等な関係って何か？ それは、お互いがお互いのために純粋な気持ちで関係を持ち、そこに依存心がないこと。「助け合い」、「持ちつ持たれつ」、「相思相愛」。そのためには、あなたが精神的な自

**パーパスナンバー「2」を**
**読み解くキーワード**

つながりと関係、完全な調和、絆、
精神的自立、
相思相愛、対等な関係、
大いなるものの流れと導き

立を遂げ、自分の足で立てていなくてはいけないの。

**【自己を確立】** まずは、自分のアイデンティティをしっかりと。自分が何者かを知り、精神的に自立したときに、あなたは相手と平等な立場から結びつけるの。そこでの強い絆と調和は、大きなカタルシスとなるわ。パートナー、師やグルとともに歩んでいくことで、人生に生まれてくるものを大切に育んで。そして、あなた自身の表現ツールを使い、結びつきから得たものを、積極的に世に出すようにしてほしいわ。それがあなたの役割だから。

**【調和】** 誰かとの間にスピリチュアルな関係が生まれたり、物理的な世界を超えた、目に見えないつながりを感じたりすることもあるわ。宇宙の流れに導かれているような感覚を抱いたり、身に起こることは偶然ではなく、すべて必然だと感じることも。でも、驚かないで。強いつながりと、対象との完全な調和は、最終的にはスピリチュアルな世界、目に見えないけれど確かにそこにある、壮大な流れの中にあるものだから。

**パーパス・パスの例**

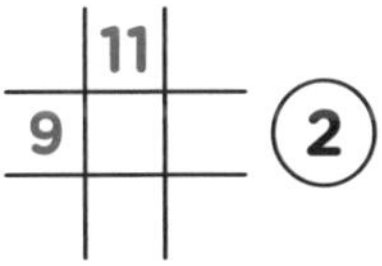


年齢を経るごとに、大切な人との関係が深まり、気負わず自然体でつきあえるように。

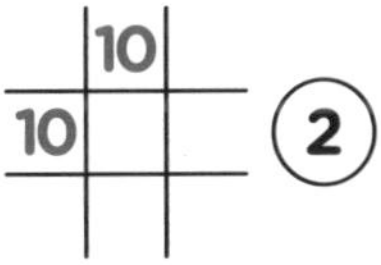


自分らしくいるあなたを受け入れ、理解し、リスペクトする人との出会いを大切に。

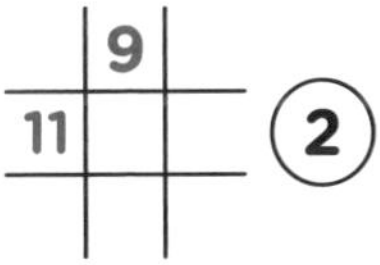


人生が深まっていくほど、あなたにとっての他者の存在が大切になってくるはずよ。

Purpose Number!!

③

# パーパスナンバー「3」

## 「大人な子ども。人生を遊ぶように生きて」

**【解放】**「楽しむ」、「遊ぶ」がこの時期のテーマ。あなたがこれまで「がんばって」生きてきたなら、違和感が大きいかもしれないけど、今後は、人生を遊ぶように楽しむのがあなたの役割。仕事、学び、趣味を問わず、ワクワク感があるものなら、何でも自由に追求して。いきなり楽しめって言われてもね……と困るようなら、まずは「〇〇しなきゃ」というマインドを解放して。義務を押しつける人とは、距離をおくという、環境整備もお忘れなく。

**【子どもにもどる】**あなたは、永遠の少年少女。子どものころの夢は、おぼえているかしら。幼少期って、大人に支配される時代。子ども心は、大きなおもちゃ箱。そこには「お願い」、「ほしいもの」、「奇妙な発想」なんかが、無造作に投げ込まれているの。けれど、子どもは非力で弱い存在。自分ひとりではどうすることもできないのね。あなたにも、こんな経験があるんじゃないかしら。

**パーパスナンバー「3」を**
**読み解くキーワード**

楽しむ、遊ぶ、「ねばならぬ」からの解放、
永遠の少年少女、
子ども時代のやり直し、
やってみたかったことの実現、大人な子ども

でも、できなかったことも、叶わなかった夢もすべて、これから実現できるの。子ども時代をもう一度、好きなようにやりなおせばいいだけよ。

**【楽しむ】** ただ、わがままで無責任な子どもに戻って、というわけではないの。永遠の少年少女のあなただけど、現実の世界ではもう大人。大人なあなたは、世の中の「常識」も「決まりごと」もわかっているし、まわりの「空気を読む」こともできるはず。こういう、基本的な処世術を捨てる必要はないわ。ただ、最低限のルールを守りながら、最大限に自由になって、人生を思い切り楽しんでほしいの。

**【役割】** 遊びたいときに遊ぶ。行きたいところには行く。心ゆくまでそこにいてもいい。すぐに帰らなくてもいい。猫5匹と犬2匹を飼ってもいい。ギリギリなところで大人をキープしながら、あとは全部子ども。あなたに目指してもらいたいのは、ここ。年を重ねながらも、子ども心を持ち続けるあなたは、すべての人の希望になるわ。あなたが世で果たすべき役割は、こういう大人な子どもになることなのよ。

**パーパス・パスの例**

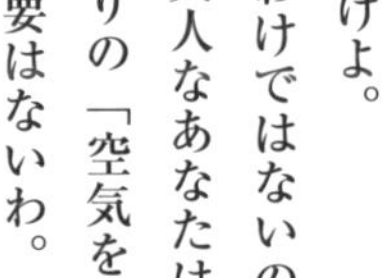


あなたの中の子どもと大人を両方とも大事にしながら、人生を思い切り遊んで。

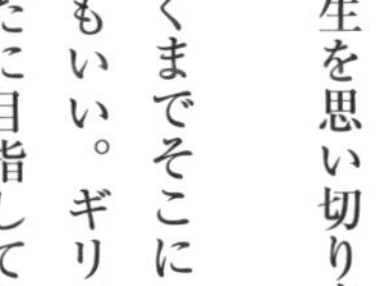


心を開き、思いを大切にし、気持ちを感じとって。あなたの創造力が花開くわ。

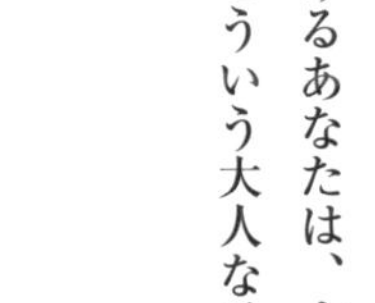


地道な努力と前へ進む力を持つあなた。54歳からは自由に楽しむ時期よ。

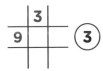

Purpose Number!! ④

# パーパスナンバー「4」

## 「あなたのこれまでを、システムやブランドにまとめて」

**【体系化】** 仕事、学び、趣味など、あなたの「これまで」を体系化する時期。パン作りでも、ウェブのデザインでも食育でも、システム体系としてまとめれば、再現性が生まれて、他の人がそれを役立てられるの。会社やスクールを立ち上げるのもいいし、レシピ本を出す、マニュアルを作る、自分ブランドを発案する、というのもぴったり。これまで温めていたアイデアも取り入れながら、あなたの過去と現在を、未来のために形にしてみて。

**【新たなスタート】** 波乱万丈の人生を歩んできたとしても、この時期になると、落ち着いたマインドが生まれてくるはず。でも、今までとは違うとか、年をとったとか、ネガティブにとらえないで。あなたが体験する静けさは、この先の人生のベースとなるもの。丁寧に育んでいってほしいの。穏やかなマインドは、ものごとをありのままに見つめる目線をもたらし、新たな着想と、将来を

**パーパスナンバー「4」を読み解くキーワード**

ブランディング、システム作り、マインドの落ち着き、真実、ありのままを見る視線、中道、中庸、公平さ、仏陀のマインド、瞑想、慈しみ

見通す力へとつながっていくわ。今後のあなたの人生は、ここからがスタートなの。

**【ニュートラル】** 瞑想の習慣をつけて。いい、悪い、のどちらかに傾くくせのあるマインドを手放すために。何歳になっても、好き嫌いでものごとを見ようとするマインドの力は根強いけれど、そこに縛られず、一歩引いたところから全体を見渡す、冷静さと平常心を育ててほしいの。すると、だんだん、自分にとっての善悪でものごとを判断しなくなるわ。そして、世界のすべてを澄み切ったクリアな目線で、ありのままに見つめることができるようになるの。

**【真実】** 瞑想が生み出すのは、あらゆるものに向けられた、中立的で公平な目線。すると、だんだん気づいてくるの。聡明な人も普通の人も、ひとりの人間なだけ。美しい服も古びた服も、ただの服。雨でも晴れでも、暑くても凍えるように寒くても、それは結局、季節の変化にすぎないのだと。あたりまえすぎて見落としていた、こんな真実への気づきが生み出すのは、生きとし生けるものへの慈しみ。どんなときにも揺らぐことのない、慈愛なの。

**パーパス・パスの例**

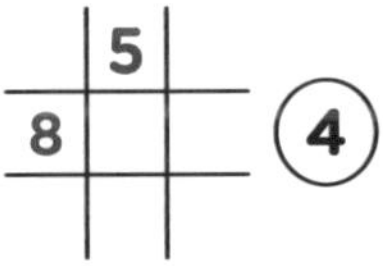


ずっと働き続けてきたあなた。そこから生まれるのは、澄み切ったマインドよ。

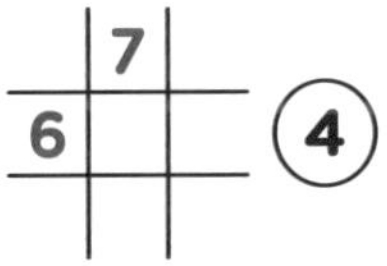


思いを持って心の声を体現してきた経験をまとめ、あなたブランドとして発信を。

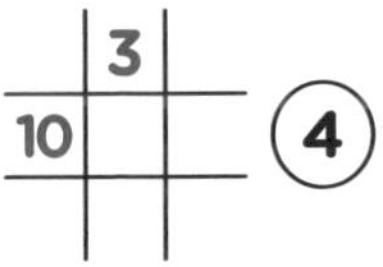


あなたらしく自分の創造性をいかしていくと、自然とそれが形になってくるわ。

Purpose Number!! 5

# パーパスナンバー「5」

## 「変化を恐れず、毎日、新しい自分に出会って」

【実現する】やってみたいけど、まだできていないこと。この時期は、それをすべて実現させるフェーズなの。考えてるだけではダメ。「実現」をひっくり返すと「現実」。まだ、現実にできていないものは何？　個展を開きたい？　大規模なパーティーをしてみたい？　旅をしたり、新しいことを習ったりするのもいいわ。やる気と決心さえあれば、何でもできる。ためらってる時間はムダなの。あきらめる理由なんてないわ。やりたいことを、すべてやって。

【束縛を解く】これまであなたは、自由に行動できていた？　家族がいたり、仕事があったり、世間様が気になったりと、思い通りにいかなかったことも多いのでは。でもそれは、過去の話。あなたの自由を最優先するときが来ているの。義務もあるけど、それは「二番目に大切なこと」。思いやりを持ちながら、最大限、自分の自由を尊重して。あなたを束縛しようとする人とは距離をとれ

**パーパスナンバー「5」を読み解くキーワード**

考えていないでやってみる、自由に行動する、解放感、教える、先生、経験、自分のアップデート、変化、革新

ばいいの。今あなたに必要なのは、自由に好きなことができる解放感よ。

**【教える】**あなたの中に積み重なっている経験。大したことじゃない、と謙遜せずに、これまでしてきたことを、じっくり見つめてみて。まわりに伝えたいことがきっとあるはずよ。この時期のあなたのテーマは「教える」こと。マニュアルも資格もいらないわ。必要なのはあなた自身の経験だけ。それを周囲に伝えると、それがあなたのオリジナルな教えとなるわ。あなたの中に眠っている「先生」を呼び起こして。

**【変化し続ける】**新しいものにアンテナをはり、人生のさまざまな変化を受け入れて。守りに入らず、毎日自分をアップデートする意識を持つの。すると、今までと違うという、ネガティブがかった違和感より、ワクワク感が強くなってくるわ。同じところにとどまらず、つねに次の段階へと変化を続けるあなたの姿は、周囲にとっても大きなインスピレーション。停滞より変化。保守より革新。あなたは毎日、新しい自分になりながら生きていくの。

**パーパス・パスの例**

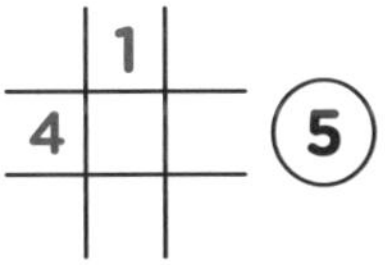


あなたの持つ独創的なアイデアを地道に表現し続けて。多くの人に届くようになるわ。

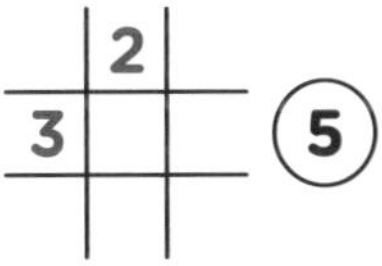


プラス思考もマイナス思考も経験済み。そこから出てくるのは、自由な行動よ。

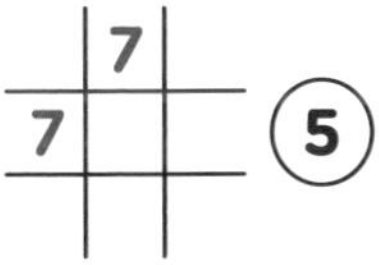


心の声に忠実に、メッセージを伝える発信の人。言葉も声もだんだん自由度が増すわ。

Purpose Number!! 6

# パーパスナンバー「6」

## 「心の声をよく聞いて」

【くつろげる関係】家族の存在感が高まる時期。ただ、一般的な家族像や、血縁関係にはこだわらずに。あなたが慕い、愛し、心が開けるのが家族というもの。かわいがっているペットはもちろん家族。コミュニティ仲間、あなたのところに集まる生徒さんやお客さん、そんな存在もファミリーなの。温かいつながりを感じながら、ともに過ごせる時間に感謝する。あなたにとって「家」は、大切な人たちが集まる、のんびりとリラックスできる空間のことなの。

【心に従う】あなたは自分の心に気づいてる？　それとも、慢性的な「心ここにあらず」状態？　これからは心の思いを大切にしながら生きる時期。社会的立場や人間関係、世間様やしがらみよりも、あなた自身の思いに忠実に、心の声をよく聞いて。心は思い通りにならないけれど、それは、行くべきところへ行くものなの。心がどこかに飛んで行ったら、あなたはただ、ついていけばい

**パーパスナンバー「6」を読み解くキーワード**

家族、ファミリー、
心の思い、コミットメント、
癒し、リラックス、
心を開く、自然、祈り

いだけ。うそをつかず、隠さずに、心に正直に。

**【癒す】**あなたの中の癒しのエネルギーが開花するわ。まずは、あなた自身が元気になって。気持ちがギスギスしていたり、心が閉じていたりしていない？　リラックスして生きられてる？　心の傷やトラウマには、真正面から向き合ってね。それが回復への唯一の方法だから。傷が癒やされ、身軽になったあなたは、何をせずとも、いるだけで人を癒すことができるわ。ちょっと会うだけ、少し言葉を交わすだけで、相手はあなたとの時間を心地よく感じ、安心するの。

**【心を開く】**そして何より、どんなときにも心を開いて。癒しのパワーを持つあなたにも、悲しいこと、つらいことがある。それは仕方がないわ、人生だから。そこで泣いてもいいし、怒ってもいいわ。でも、心だけは開いておいて。閉じた心は麻痺状態。そこには無関心しかないの。苦しいときには、自然のあるところへ行くといいわ。そこにしばらくいると、固くなった心がゆるんで動き出すの。あなたはもう一度、そこからすべてを始めることができるのよ。

**パーパス・パスの例**

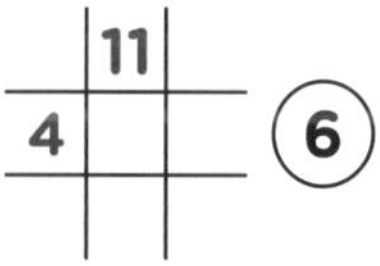


導かれること、受け入れゆだねることを大切に。心の強い力が生まれてくるわ。

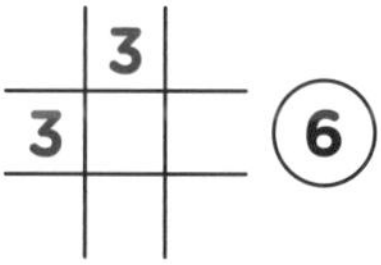


子ども心を持ち続け、どんなときにも楽しんで。人生への愛が生まれてくるはず。

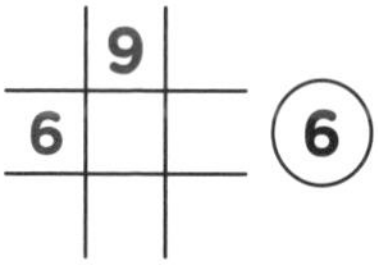


大きなハートと、大きなマインドを持つあなた。気持ちや思いを大切にして。

Purpose Number!!

7

# パーパスナンバー「7」

## 「伝えたいことを、ためらわずに声にして」

**【心を整える】** あなたが心で思っていること、伝えたいこと。うまく表現しきれずに、心の奥底にたまっているもの。それを発信するのが、あなたの役目。あなたが「言いたい」ことは、まわりの人が聞くべきこと。あなたの心が発するメッセージが、曲がらず、ありのままに伝わるように、いつも心を探っていて。そして、クローゼットを片づけるように、心の中の整理整頓を。いるものといらないものを分け、不要なものは捨てて、スペースを整えるの。

**【発信する】** 心のスペースが整うと「あなたの声」がクリアに浮き上がってくるわ。すると、何をどんな形で伝えればいいかも、自然にわかってくるの。思いを飲み込まず、ためらわず、あなたの声を発してみて。話す、歌う、書くなど、表現ツールはいろいろ。思いを自由に発信する、というのがカギよ。発信する感覚がつかめなければ、ノートに書いたり、短くても日記をつけたりする

**パーパスナンバー「7」を読み解くキーワード**

心の整理整頓、心の声、
発信(書く、話す、歌う)、ひとり時間、許し、
安全なスペース、内省、リトリート、
おしゃべり、気と空間のコントロール

のもいいわ。自分でも驚くぐらい、言いたいことが出てくるはずだから。

**【許す】**ひとりで過ごす時間を持って。人やものが発する「気」を受け取りすぎないために、周囲からの影響をいったん遮断し、リセットすることがあなたには大切なの。ひとりの時間は、内を見つめるいい機会。静かに内側を振り返るとき、苦手だったり、嫌いだったりする人のイメージが浮かんでくることがあるけど、もしかしたら、それはあなたが許すべき人かもしれないわ。「許すこと」はこの時期の、重要なテーマなの。

**【気を配る】**あなたは場の「気」をコントロールできる人。あなたが楽な気持ちでいると、落ち着きと安心感が周囲のスペースまで伝わるわ。戦々恐々とした状況でも、あなたの心が静かなら、まわりも落ち着いてくるの。あなたは、安全なスペースを提供できる人。これは、あなたの特別な能力だから、自分なりのいかし方を考えて。おしゃべりするだけでも、そこにいる人たちは、安心を感じるの。人と時間を過ごすときには、空間全体を、あなたの気で満たすようなイメージを持ってね。

**パーパス・パスの例**

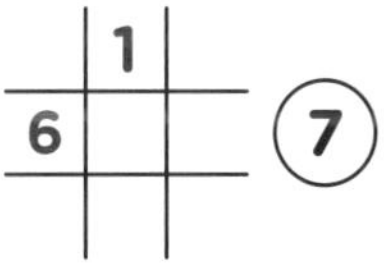


心を開き、ユニークなあなたを表現して。その声や思いが広く伝わるようになるわ。

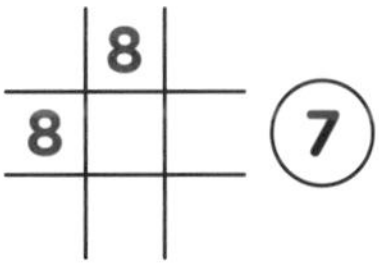


前進あるのみで、止まらないあなた。人生が深まると内省の時期がやってくるわ。

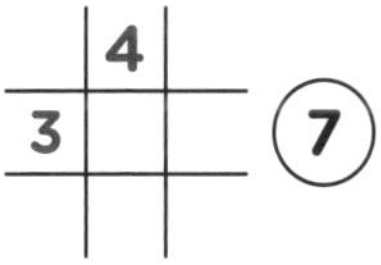


自由に考え、自由にまとめる。そのプロセスで生まれるメッセージを人々に伝えて。

Purpose Number!!

8

# パーパスナンバー「8」

## 「なせば成る。あなたにできないことはないわ」

**【分かち合う】** エネルギーが満ちてくる時期。それをムダにせず、適切に使う、というのがあなたのテーマ。すべてに目的意識とパッションを持って取り組んで。エネルギーが底上げされて、「もう少し動ける」、「まだいける」という気持ちになってくるから。すると今度は、自分のためだけでなく、人のために動けるようになってくるわ。エネルギーは分かち合えるものよ。「自家発電」ができなくなっている世の多くの人のために、あなたのパワーを分けてあげて。

**【なせば成る】** カギとなる言葉は「実行」。あなたは、やろうと思ったら、何でも実現できる人。大切なのは、やる気になること。次に、積極的に動くこと。家でのんびりより、忙しくしている方が充実するわ。あなたには、生涯隠居生活はやって来ないわ。どうしようかな？ と迷ったら、必ず「やる」という選択を。日々唱えたいマントラは「なせば成る」。あなたの中にある願いを、自

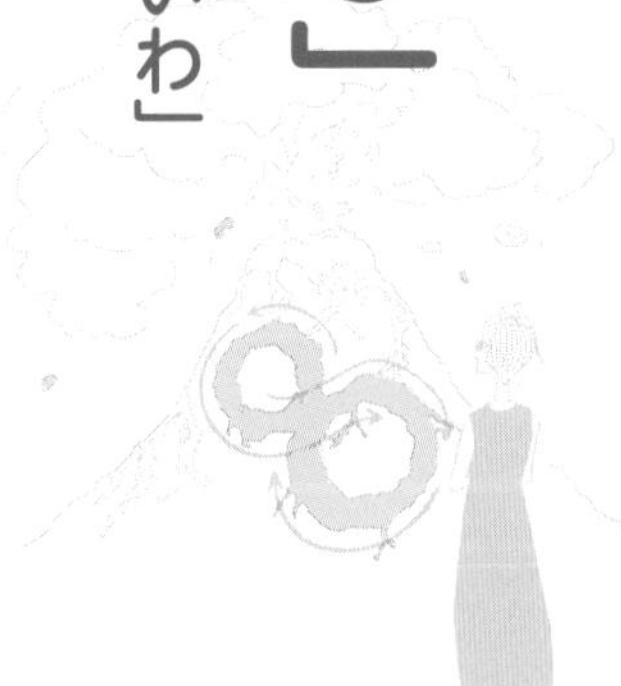

**パーパスナンバー「8」を読み解くキーワード**

エネルギーを分ける、結果を出す、実行、実現、なせば成る、お金をまわす、太っ腹、どんぶり勘定、親分、男前、精神力の高まり

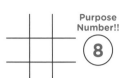

分の意思で、次々に実現させていって。

**【循環させる】** お金との縁が強まるので、大金が入ってくることも。ただ「欲張り」、「ため込み」は禁止ね。お金はそのとき、たまたまあなたのところにやってきただけ。「入ってくる」と「使う」をワンセットでとらえてね。自分の所有物として囲い込まず、市場に戻すつもりで、適切なところにお金を使うの。使ったら、また入ってくるので、困ることはないはずよ。太っ腹、どんぶり勘定、というおおらかさも大事。お金を使うことは、あなたの役割のひとつなの。

**【背中を押す】** 精神力が強まって「どん」とした男前の存在感が生まれてくるわ。独特の迫力とすごみが出てきて、親分肌の人として頼りにされるはず。頼られたら、快く面倒を見てあげて。慣れないうちは違和感があっても、あなたに助けてもらった人はうれしいの。親分タイプのあなたの役割は「相手の背中を押す」こと。老若男女問わず、迷っていたり、行動を起こせずにいる人は大勢いるわ。そんな人が前に進めるように、ちょっと強めに背中を押してあげて。

**パーパス・パスの例**

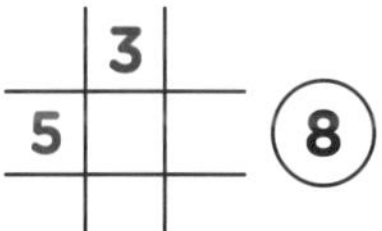


体も頭もとにかく自由。人生が深まるとエネルギーもお金との縁も強まるわ。

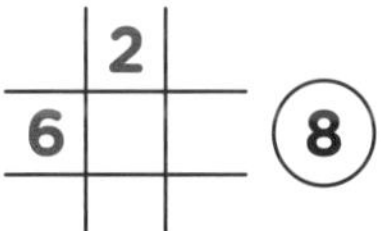


優しく繊細、よく気がつくあなたから、負けずに戦うエネルギーが出現するわ。

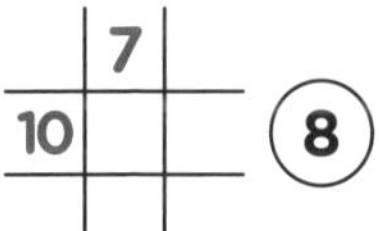


生き方も発する言葉もあなたらしく。そこから巨大なパワーが生まれるわ。

Purpose Number!!
9

# パーパスナンバー「9」

## 「あなたのスキルや知識を必要としている人に伝えて」

**【達する】** 知識や知恵を成熟させる時期。これまで培ってきたものが何であれ、それを極め、知りつくし、達人となるときなの。まずは、あなたが培ってきた知識やスキルに気づいて。「凡庸なもの」、「大したことがない」と謙遜せずに、自分のものとして認めるの。あなたが長い時間をかけて研さんを積んで得た知識やスキルは世の宝。その道のプロ、専門家、名人として、世の中のため人のために役立てよう、という意識を持って。

**【伝える】** あなただけが持っている技術、成熟しつつあるもの、長い時間かけて達成したこと。それを、自分だけで抱え込まず、必要としている人に伝えてほしいの。あなたの教えは、達人からの特別な教えになるはず。技術も知識も人と分かちあってこそ、いかされるものよ。自分の中に留めておくのは出し惜しみなの。他者を遠ざけず、歩み寄るようにしてね。まわりはみんな、あなた

**パーパスナンバー「9」を読み解くキーワード**

完結、極める、
知識、智慧、成熟、
直観力、静かなマインド、
執着のなさ、欲の解放

の知恵を必要としてるから。

**【研ぎ澄ます】** 直観力が強まってくるわ。ものごとが動き始めた途端、あるいはその前から、たどる道や結果がわかったり、世の中の動きをはっきりと見通すことができたり。直観は、思考に頼らずわかる、という特別な能力。考えるプロセスなしに、瞬間的に理解するの。これは、知識や知恵が最大限まで研ぎ澄まされると鋭くなっていくもの。「思考に頼らずに知る」、「一瞬にしてわかる」という、ちょっと不思議な状態を知って。

**【解き放つ】** 波風の立たないマインドが生まれ、穏やかで高貴な雰囲気が出てくるわ。何かを成し遂げても騒ぎ立てず、自慢しない。名声や評判にこだわらない。形のあるもの、ないものにかかわらず、自分の持ちものを抱え込まない。こうして、あらゆる欲から、徐々に解放されていくの。心をつくして生きながらも、自分の生にも執着はなく、生の終わり、死も自然に受け入れる姿勢は、長年の鍛錬の末、すべてを知るに至った修行僧のようよ。

**パーパス・パスの例**

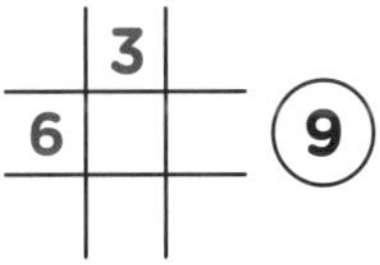


心を開き、人生を自由に楽しんで。あなたに必要なことが直観的にわかるようになるの。

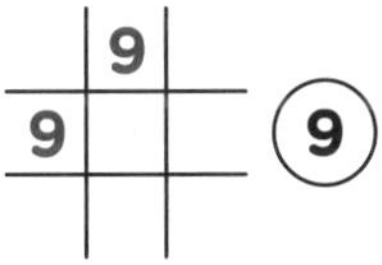


学びと探求を通して人生を知るあなた。こだわりと執着は消え、静けさが訪れるわ。

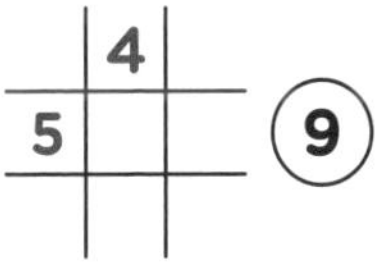


計画力と行動力に優れるあなた。人生が進むにつれて、直観力が強まってくるわ。

Purpose Number!!

10

# パーパスナンバー「10」

## 「あなたの人生はあなたのもの。自分らしくいて」

**【未来予想図】** あなたの可能性が完全に実現する時期。ただ、それが向こうから勝手にやってくるわけではなくて、あなたの方からの働きかけと、歩み寄りが必要なの。あなたはそもそも、どういう自分でいたいのかしら？　ほしいもの、目指すものは何？　人生へのはっきりとしたヴィジョンを持っている？　可能性を開花させるためには、明確なイメージが不可欠。未来をクリアに思い描けるほど、現実化する可能性も高まるの。

**【自分の軸】** 酸いも甘いも嚙み分けた大人として、あなたは進化を続けていくの。年齢を重ね、新たな体験を積んでいくと、外見も考え方にも変化が起きるわ。ただ、腹の底にある、ありのままの自分は決して変わらないの。これはあなたの存在の軸だから、どんなことをしていても、決して見失しなわないで。「自分は何者なのか？」は、あなたが自分らしくい続けるための大切な問いか

**パーパスナンバー「10」を読み解くキーワード**

可能性の実現、自分らしさ、
自分の軸、自信、優雅さ、
ダイヤモンド、光、
カリスマ、導く、リーダー

け。自分がわからなくなったら、何度でも、問いかけてみて。

**【大きな存在に】**リーダーとしての意識を持って。あなたは、自分自身がお手本となり、人生の歩み方を身をもって示す人。自分らしさを失わず、勇気を持って、選んだ道を進んでいって。自分を信じ、怖気づかずに、自らの道を切り拓いていくの。強さと同時に育てていきたいのが「優雅さ」。どんな状況でもじたばたせずに、苦難さえも自分の味方につけているような、存在そのものの大きさ。あなたはこういう資質を持っているの。

**【導く】**あなたがあなたらしくいるだけで、まわりは勇気と自信をもらえるの。自分らしさを失わず、強い意思を持って生きるあなたの姿は、みんなの憧れ。周囲には人がたくさん集まってくるわ。あなたは強い輝きを持つダイヤモンド。あなた自身の持つ輝きとカリスマで、多くの人が導かれるわ。「大丈夫、やってみて」と、包み込むような大きな優しさで、相手の中に眠っている力を引き出すことが、あなたに課された役割なの。

**パーパス・パスの例**

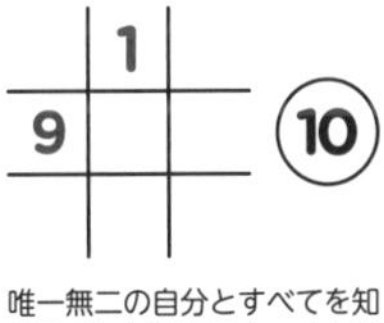


唯一無二の自分とすべてを知り尽くした知恵の人。まわりには人が集まってくるはず。

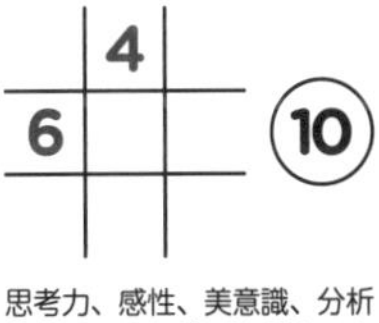


思考力、感性、美意識、分析力。あなたの持つ資質をいかし、まわりの人を導いて。

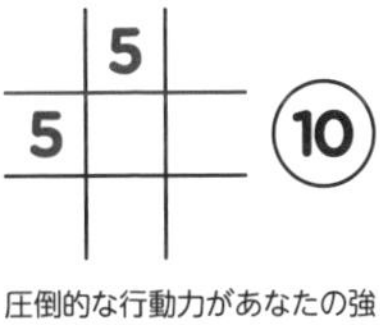


圧倒的な行動力があなたの強み。母のように、みんなから慕われ、尊敬されるわ。

Purpose Number!!

11

# パーパスナンバー「11」

## 「大きな流れに導かれながら生きて」

**【未来予想図】** 大いなるものから導かれる時期。身に起きるすべての出来事は、そうあるべくして起こり、知り合う人は、出会うべくして出会う人。すべては、物理的な世界を超えた、果てしなく大きな存在から与えられたものなの。いいことも、悪いことも、苦しい出来事も、好きにはなれない人との出会いもあるでしょう。ただ、それはすべて、大きく尊い力が働いて、あなたのところにやってきたのだと知って。

**【正しい道】** 自分の意志と違うところに人生が向かっていく、そんな感覚があるかもしれないわ。願いや目的があるのに、思った通りに進まない。どこからか邪魔が入ったり、計画が滞ったりする。そんなときも、がっかりしないで。それはあなたの行動を見直すべきサインなの。ものごとがうまくいかないのは、別の道へ進むべきだから。何らかの大きな力が働いて、あなたは「正しい

**パーパスナンバー「11」を読み解くキーワード**

大いなる流れ、運命、天、
スピリチュアルからの導き、
流れに乗ること、天への畏敬の念、直観力、
天からのメッセージ、絶対的な安心

道」へと導かれているのよ。

**【流れに沿う】**あなたは、人生の流れに乗って、行きつくべきところに行きつくわ。今できることを精一杯やりながら、違う流れが生まれてきたら、抗わずにそちらへ行けばいいだけ。謙虚な気持ちを忘れずに、置かれた場所で、自分にできる最大限の努力をしてね。すると、徐々に、スピリチュアル、大いなる流れとつながって、そこからのメッセージを自然に受け取れるようになるわ。直観力が強まって、何をすべきなのかを、腹の底から知るようになるの。

**【受け取る】**あなたは導かれ、与えられる人。自分にできることをしながら、真摯に生きること。感謝の心を忘れないこと。運命に畏敬の念を持ち、その流れに身をまかせることを知って。あなたは大きな力に守られているの。その力は、どんなときにも、あなたとともにあり、あなたは決して見捨てられないの。揺らぐことのない、絶対的な安心を感じながら、それが何であっても、自分にやってくるものを受け取る。それだけでいいの。

**パーパス・パスの例**

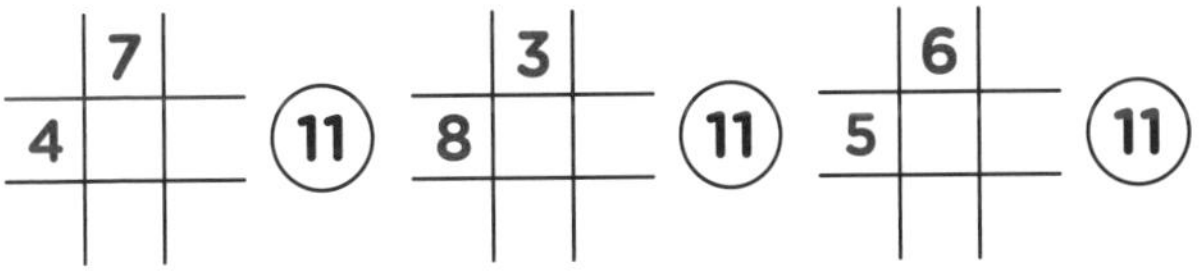


感性が鋭く行動力と表現力が抜群。あなたの資質がいかされるよう自然に導かれるわ。

自由な発想と圧倒的な実行力。能力をいかす方向へと人生は自然に進んでいくわ。

発信力、空間を読む力、観察力。能力を高めながら、導かれる方向へと進んでいって。

Select Number.07

日本

# 建国記念の日 2月11日

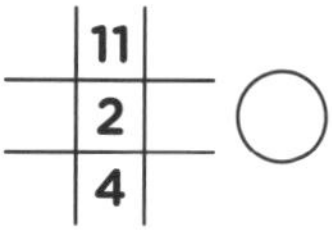


ヨガ数秘学では、ペットなどの動物、記念日、命日などのリーディングもできるの。ここでは、日の出ずる国、日本の建国記念の日を見ていきましょう。今回は、月と日だけをリーディングして、この国の根っことなる部分を探ってみるわ。数字はどんなストーリーを語っているのかしら?

日本の本質を表すソウルナンバーは「11」。これは、天とのつながり、大いなる流れ、自然を表す数字。目に見えない、人知を超えた力を示す、スピリチュアルなナンバーなの。これが日本という国のエッセンス、つまり「日本らしさ」なのね。驚いた? それとも納得?

この国に神社仏閣が多いのは事実。全国に神社は8万1000社、寺院は7万6000軒ほどあるそうよ(ちなみに、コンビニの数は5万6000店)。つまり日本は、神社とお寺だらけ。いたるところに無数の神様がいる「八百万の神」の国ね。信仰心とはちょっと違うけれど、自然を敬い、畏敬の念を持つというのは、日本人の特性ではないかしら。日本独自の「11」、天とのつながりね。

課題と学びのレッスンナンバーは「2」。これは、二者のつながりを示す数字。日本は、二者関係が問題となりやすい国なのね。これは、国際社会での他国との関係に表れてるわ。日米関係は力関係が平等とは言えないし、中国との関係もギクシャク。日韓関係にいたっては目を覆いたくなるぐらい。深い関わり合いのある国との関係は、いつも複雑よ。

「2」という数字は、慎重でやや怖がり、バランスが崩れると、ネガティブ目線になりがちだけど、日本にもこんな性質があるわよね。学校教育は「いいところを伸ばす」より「悪いところを補う」減点法だし、注意深さがいき過ぎて「思い切り」が悪いわよね。なにかと二の足を踏みがちなところもあるわ。

支えとなるファンデーションナンバーは「4」。秩序、理論、規則、計画、システムなどの数字ね。国全体に秩序があって、真面目で几帳面な国民性。バスや電車は時間通りに来るし、ここまで整然とした国はなかなかないかも。常識人の割合は、他国と比較にならないんじゃないかしら。これが日本という国を底上げしているのね。

「世間様の存在」というちょっとコワい「4」もあるわ。自粛警察じゃないけれど、日本の秩序って、「民」つまり一般人がお互いを見張り合うことから生まれてる。窮屈だけど、機能性抜群な日本の社会は、みんなが他人の目を意識して「ちゃんとする」からこそよね。「4」はまさに、日本を支える縁の下の力持ちの数字なの。

# 終章

## Global Year Number
# グローバルイヤーを読む

マダムYUKO×〝ヨガ数秘学マスター〟タイラー・モンガン

# 「2021年」のグローバルイヤーを読む

## その年全体のエネルギーを示す「グローバルイヤーナンバー」

ヨガ数秘学は、人の性質やライフストーリーをひも解くだけでなく、ペットの誕生日や起業、結婚などの記念日、住所や命日などに応用することもできるの。その代表例が、ここでご紹介する「グローバルイヤーナンバー」。西暦の数字から意味を読み取ると、その年の流れが示され、積極的に取り組んだ方がいいことや、逆に気をつけるべきことがわかるわ。どんな一年になるのかをあらかじめ見通すことができるので、そのための心の準備ができる、というのもポイントね。

**タイラー・モンガン**

ホオロカヒ数秘学、ヨガ・ナンバーズ著者、アシュタンガヨガ、タントラヨガ、瞑想などの400時間以上のトレーニング修了。2014年よりハワイにてティーチャートレーニングを指導。アジアヨガコンフェランス役員（2018､2019）世界中を5年以上に渡って旅しながら、ヨガ数秘学とヨガマインドラボのワークショップを指導。
西洋、東洋医学の正規の教育を受ける。生化学の論文を執筆。ニューロフィードバックのスペシャリスト。バンジョーを弾き、サーフィンを愛する。

新型コロナウイルスの蔓延で、激動の年になった2020年。その翌年である2021年がどんな年になるのかは、みんなが気になるところよね。ここでは、ヨガ数秘学のシステムを構築したマスターであり、わたしの恩師でもあるタイラー・モンガンとともにお答えしていくわ。

**タイラー・モンガン（※以下、T）**……グローバルイヤーナンバーは、その年を通して流れる世界全体のエネルギーを表しているんだ。つまり、これは大気中に流れる酸素のようなもの。地球上すべての存在に影響し、みんなが受け取るエネルギーなんだよ。

**マダムYUKO（※以下、Y）**……人にはそれぞれ固有の数字があるけれど、グローバルイヤーナンバーは、その年を生きるすべての人に関わる、大きな意味を持つ数字なのよね。数字の出し方は簡単。西暦の4ケタの数字を足すだけよ。たとえば、2021年だったら、2＋0＋2＋1＝5。つまり、2021年のグローバルイヤーナンバーは「5」ということね。

使う数字は「1」から「9」の9種類になる、というのが注意する点。生年

**グローバルイヤーナンバーの導き出し方**

西暦の数字４ケタを足す
・例：2020年→2＋0＋2＋0＝「4」

月日から自分の数字を計算するときには「10」と「11」を使うけれど、イヤーナンバーではこのふたつの数字は使わないの。西暦の数字を足して「10」になったら1＋0＝「1」となるし、「11」の場合は1＋1＝「2」になるわ。そこだけちょっと気をつけてね。

T……グローバルイヤーナンバーは、それぞれの年に、どんなチャレンジやチャンスがあるのかを知るヒントとなるんだ。数字が示す年の性質をよく知り、流れに乗っていくことが大切だよ。うまく乗れないと、ものごとがスムーズに進まないし、無意識にイヤーの流れに抗ってしまうと、疲れたり、苦しかったりとネガティブな影響を受けてしまうこともあるんだ。注意深く行動を選択するのがカギとなるんだよ。

たとえば、2020年は「4」の年だったよね。「4」が示しているのは「真実」、「客観性」、「慈しみ」、「瞑想」。数字は内臓器官とも関わりがあり、「4」は「肺」なんだ。こういったことが2020年に生じる問題にどう向き合うべきかを知り、置かれた状況の中で、どう最善を尽くすべきかを理解する手助けとなっているんだ。ここにはもちろん、新たなチャンスを見出すヒントも隠されているよ。

## 数字とヨガ

1のヨガ——「1」を強めるのは一点集中。ひとつのことに意識を向けるプラクティスがおすすめよ。そのスタイルのヨガ「だけ」、そのときとっているポーズ「だけ」に完全に集中してみて。ただし、かたい、頑固、孤独感といった「1」のマイナス面がお悩みの場合はやりすぎに注意。「1」のポーズはタダーサナ（山のポーズ）。

2のヨガ——「2」を強めるのはふたりヨガ。先生とのマンツーマン、仲良しとのペアヨガなんかがおすすめね。ヨガをすることで関係が深まるというのがカギ。ただし、ひとりがとにかく嫌い。という場合は、あえてひとりプラクティスを選ぶ方がいいことも。「2」のポーズは、片足を90度あげるバランスポーズ。

3のヨガ——「3」を強めるのはハッピーなヨガ。フロウのある楽しいクラスだと最高ね。ヨガは修行？　いえいえ、楽しむものです。「3」ってこんな風に考えるの。ただし、柔軟性が高い人は気をつけて。筋力とのバランスをとるのがカギ。「3」のプラクティスは軽やかな流れを重視。音楽があってもいいかも。

Y……2020年は「4」の年で、この数字が「肺」を表していることにびっくりしたわ。地球全体が新型肺炎という「肺の疾患」の流行に悩まされたんだもの。

T……新型肺炎の流行も、グローバルイヤー「4」と関係があるかもしれない。それ以外でも「真実」を「客観的に」見つめ、他者への「慈しみ」を持つという「4」の他の要素も大事な年だったよね。

Y……イヤーナンバーについて、他の数字に触れてみると、たとえばイヤー「1」だったら、何かをはじめるのに適した年。イヤー「3」だったら、深く考えずに気軽に、遊ぶようにいろいろなことを試してみるといい年と考えられているの。その年ごとの「キャラ」を前もって知り、何をしたいのか考えておくのがポイントね。

## 2021年はどんな年になる？

Y……お話ししてきた通り、2020年のグローバルイヤーナンバーは「4」。これは「秩序」、「システム」なども示す数字。新型肺炎と言われるコロナウイ

---

6のヨガ——「6」を強めるのはホームプラクティス。アットホームな空間でゆっくり、まったりの家ヨガ。スタジオに行くなら大好きな先生のところへ。体よりも心が大切。心が自然に開くようなクラスへどうぞ。「6」のポーズはバックベンド。バクティヨガ（愛と献身のヨガ）を探求して。

5のヨガ——「5」を強めるのはすべてのヨガのプラクティス。体を動かすのがカギなので、どんなスタイルでも大丈夫。クラス内容はもちろん、それ以上にひん度が大切。体を停滞させないために、毎日1時間のエクサイズを。ただし、やりすぎとケガには注意。「5」のポーズは太陽礼拝×23回。

4のヨガ——「4」を強めるのは瞑想。これにつきるの。瞑想は「静かに考えごとをすること」じゃないので、そこは注意。間違った方法で瞑想をしていると、心の傷が深くなったり、マインドのこだわりが強化されることも。「ちゃんとした」指導者に習うのが絶対におすすめ。

ルスの影響で、社会的な秩序もシステムも文字通り総崩れになった苦い体験は、まさしく「4」の悪い面が出た、と数秘学の教えは伝えているわ。

以前の章で説明してきた通り、数字にはよい面と悪い面があって、「4」も良い方向に働けば、システムやルール、ガイドラインなどが機能して、みんなが安心して生きていられる、安定した社会が作られるはずだったの。そういう穏やかな世界では、計画を立てるのにも適した、クリアで穏やかなマインドが生まれたと思うわ。

でも、新型コロナウイルスがあったせいで、社会の秩序が総崩れ。先行きは不透明になり、世界中の人々が、この先どうなるかがわからないという、大きな不安を感じることになってしまった……。安定した生活基盤を生み出すのも「4」だけど、これを失った人も多いわよね。

「4」はニュートラルなマインド、ものごとを冷静に観察するマインドを示すけど、2020年はむしろ、それぞれが自分の立場からものを考え、全体を静かに観察するニュートラル（公平）なマインドを失っていたように感じるのは、わたしだけではないはず。他者への思いやりを持てず、世界中で争いごと

---

7のヨガ——「7」を強めるのはマントラ。マントラは神を讃える祈りの言葉。ヨガは空間とその場の気が大切。苦手な人、空間、場所。そんな環境は避けること。黙想という問いかけの瞑想もおすすめ。その日の問いを決める（例：なぜヨガ数秘学を学ぶの？）→すわる→ひたすら同じ問いをし続ける。

8のヨガ——「8」を強めるのは呼吸。プラーナヤマのプラクティスは必須。普段から深い呼吸を意識して。ヨガならパワー全開！　大汗をかく！　というような、ちょっときつめのクラスがおすすめ。厳しい先生に習うのも○。やりすぎの一歩手前、ギリギリまで自分を追い込むのがカギよ。楽をするのは禁止。

9のヨガ——「9」を強めるのは知識と知恵。ポーズだけでなく、ヨガの経典を読んだりヨガ哲学を学ぶのも修行のうち。ヨガ数秘学もね！　ヨガのポーズは、ゆっくりめのペースでプラクティスを。ポーズそのものだけでなく、ポーズとポーズの間も丁寧に。「9」のポーズはシャヴァーサナ（屍のポーズ）。

も起きたわよね。これも「4」のマイナス面が出たと言えると思うわ。
　こんな風に、グローバルイヤーナンバーはその年に、さまざまな形で影響を与える数字と言えるの。いいことも、悪いこともふくめてね。

T……そして2021年のグローバルイヤーナンバーは「5」。「体」、「表現」、「経験」の年だよ。「5」の年にもっとも重要なことは、体の声をよく聞くこと。定期的にエクササイズをして体を健やかに保つこともカギとなるんだ。

Y……ずばり「行動をする年」と言ってもいいわよね。同時に、変化を受け入れる年でもあるわ。守りに入らず、変わっていく生活を楽しめるといいの。あとは、体のメンテナンス。「5」はアクティブな数字。体が自然に動き、活動的になるけれど、そのためには体力をつけておかないとね！

T……体のバランスも大切なので、極端なことをしないよう気をつけてほしいな。食べすぎ、行動しすぎ、エクササイズのしすぎには注意。同じように、食べなさすぎ、怠けすぎ、運動しない……といったことも避けてほしい。「5」はバランスを表す数字でもあるんだ。たとえ気が進まなくても、運動をしたり、行

10のヨガ――「10」を強めるのは自信と全力投球。どんなプラクティスも１００パーセントを尽くすのがカギ。自信というのは、やり尽くしたところから自然に湧いてくるもの。できないと思わず、失敗してもいいからと飛び込む勇気も大切ね。10のポーズは「できないポーズ」。できないからこそ練習を。

11のヨガ――「11」を強めるのは天、スピリチュアルとの結びつき。ヨガは自分の内の神、大いなる流れの中の神に気づき、それがひとつであると知ること。普段からヨガの聖典を読み、ヨガのスピリチュアルな側面に触れていて。「11」のあいさつは「ナマステ」。わたしの内の神からあなたの内の神へのあいさつよ。

動を起こしたりと、自分が決めた生活習慣を守りながらすごしていくのをおすすめするよ。自分を律する「自律」というのも「5」の大切なポイントなんだ。

もし「5」の年に病気になったり、ケガをしたりしたら、それは体にもっと注意を払い、癒していく必要がある、という意味かもしれないよ。病気やケガは体からのメッセージ。そこから何かを読み取る必要があるんだ。

**Y**……イヤー「5」は、これ以外にも「旅をする」、「ネットワークを広げる」、「人前に立つ」、「パフォーマンスをする」、「環境を変える」といったことをするのにも良い年。引っ越しを考えているのなら、「5」の年がおすすめよ。また、行動力がアップするので、外に出る機会が増え、出会いのチャンスが広がることもあるわ。

**T**……グローバルイヤーナンバーが働くのは、基本的にその年の1月1日から12月31日まで。ただ、1月1日きっかりに始まり、12月31日きっかりに終わる、というわけではなく、その間に移り変わりのフェーズがあるんだ。前年の10月ごろから翌年の数字が動き出し、新しい年のエネルギーに完全に入れ替わるのは、その年の2月ぐらい。4カ月間の移行期間があるんだ。

# 人それぞれで違うパーソナルイヤーナンバー

T……そしてもうひとつ、個人にフォーカスした数字がパーソナルイヤーナンバー。これは、その年のグローバルイヤーナンバーに自分の生まれた日と、生まれた月の数字を足すとわかるんだ。

たとえば、6月22日生まれの人が、2021年のパーソナルイヤーナンバーを知りたいときには、「2021+6+22→2+0+2+1+6+2+2→15→1+5→6」となり、パーソナルイヤーナンバーは「6」となるよ。

パーソナルイヤーナンバーは、その年の個人のエネルギーを表す数字。地球上のすべての存在に影響するグローバルイヤーナンバーとは異なり、個人の持つ数字、というのがカギ。みんな同じではなく、それぞれが違うというのが特徴だよ。グローバルイヤーと同じように毎年変わり、「1」から「9」までの9年周期で変動するんだ。

**パーソナルイヤーナンバーの導き出し方**

西暦４ケタ＋生まれた月＋生まれた日
・例：6月22日生まれの人が、西暦2021年のパーソナルイヤーナンバーを出す場合
→2+0+2+1+6+2+2=15→1+5=6

Y……イヤー「1」は新しいはじまり。自信がなくても一歩踏み出してみる年。イヤー「2」はつながり、人間関係、ちょっとだけ慎重になった方がいい年。「3」は悩まず、考えず、思いつくままに遊んでみる年。身の回りがゴタゴタすることもあり。というように、それぞれの年ごとに、やるべきこと、気をつけるべきことがあるのね。

## パーソナルイヤーナンバーの9年周期

Y……これまで、わたしたちのチャートには九つの数字があることをお話ししてきたけど、パーソナルイヤーナンバーはチャートに毎年新たに加わる10番目の数字、と考えるといいわ。生年月日チャートは時系列になっていて、年齢ごとに使うべき数字があるけれど、そういう数字とともに、イヤーナンバーをいかしていくの。これは年ごとに変わる、その年のテーマと言ってもいい重要な数字よ。

T……パーソナルイヤーナンバーは、その年の「チャレンジ」や「チャンス」を自分なりに模索する方法を伝えてくれる。たとえば、パーソナルイヤーナンバー「7」の年にフォーカスすべきなのは「コミュニケーション」。ひとりよが

### パーソナルイヤーナンバー

「1」――はじまりの年。まず自分の立ち位置をはっきりと。現状確認ができたら、ざっくり方向性を決め、いろいろ種をまいて。芽が出なくても、途中で枯れても心配しないでね。ものごとの進みがゆっくりでもあせらない！失敗は成功のもと。マイペースで進んでね。成果を期待しすぎず、気分だけはアゲておいて。

「2」――つながりの年。「1」の年ではじめたこととの「結びつき」を深めるのがカギ。知れば知るほどネガティブな面も見えてくるし、この道を行ってもいいのかと不安を感じることも。でも、それは自然なことだから、心配しないで大丈夫。大きな力に導かれるのを感じながら、年の流れに乗るようにして。

「3」――子どものように遊ぶ年。カギは前向き思考と楽しむこと。好きなことを、深く考えずにやってみて。無計画でOK。公園の砂場で遊んでいる子どもを目標にするといいわ。ここで「遊び」が少ないと、翌年がつまらなくなるわ。ただ、自由がすぎて大洪水が起こることも。そうなったらなったでOKだけど。

りにならず、相手を意識して対話すること。伝えようという意識を持って話したり、書いたり、歌ったりすることが大事なんだ。

ただ、これが必ずしもスムーズにいくわけでもない。伝えたいことが伝わらず、焦燥感を抱くこともあれば、世界に自分の声をシェアする機会に恵まれることもある。ふたをあけてみないとわからないのも、イヤーナンバーの特徴なんだ。加えて、パーソナルイヤーナンバーは、グローバルイヤーのエネルギーに、自分独自の方法で向き合う方法を示していることも忘れないでほしいな。

Y……パーソナルイヤーナンバーは個人にフォーカスした数字だけど、だからといって、グローバルイヤーナンバーを無視していいっていう話じゃないの。お互いが影響しあって、あなたのライフストーリーにつながっていくのよね。

T……2021年のグローバルイヤーナンバーは「5」。ただし、個人にはそれぞれパーソナルイヤーナンバーがあり、自分なりの方法で、その年をすごしていくことができるんだ。

「4」――計画する年。昨年たくさん遊べていたら、アイデアもたくさん出てきているはず。それを整理して、この先どうするのか具体的な計画を立ててみて。安定と落ち着きの年だけど、行きすぎると停滞感が生まれるので注意。行き詰まったら、自分のことを少し離れたところから観察するといいわ。

「5」――行動の年。昨年立てた計画を待ったなしで行動にうつす年。1年を通してアクティブに、じっとしていないのがカギ。失敗を恐れないこと。思った通りにならなくても、あなたの人生のノートに新たな経験が記されただけ。まずやってみる。思い悩まず試してみる。うまくいかなくてもそれはイヤー「5」の一部。

「6」――おうちの年。ステイホームを大切に。イヤー「5」でたくさん動いて、体もちょっと疲れてるから、おうち時間を増やしてゆっくり、まったり。心のケアも忘れずに。心の想い、感情、気持ち、どれもがあなたの一部よ。愛のパワーが強まるので恋愛モードに入ることも。傷ついても心を閉じないでいてね。

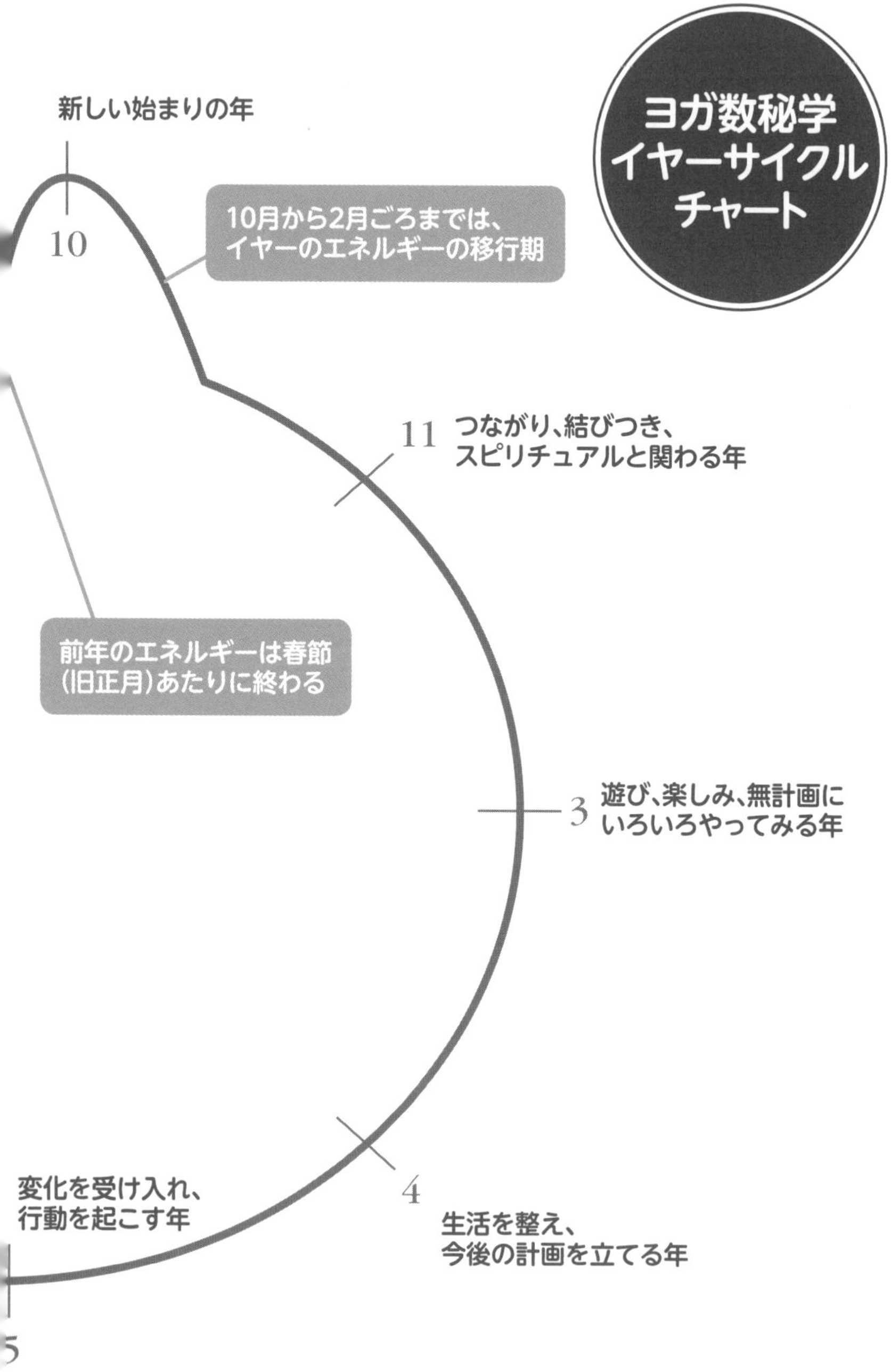
ヨガ数秘学
イヤーサイクル
チャート
新しい始まりの年
10
10月から2月ごろまでは、
イヤーのエネルギーの移行期
11 つながり、結びつき、
スピリチュアルと関わる年
前年のエネルギーは春節
(旧正月)あたりに終わる
3 遊び、楽しみ、無計画に
いろいろやってみる年
4
生活を整え、
今後の計画を立てる年
変化を受け入れ、
行動を起こす年
5

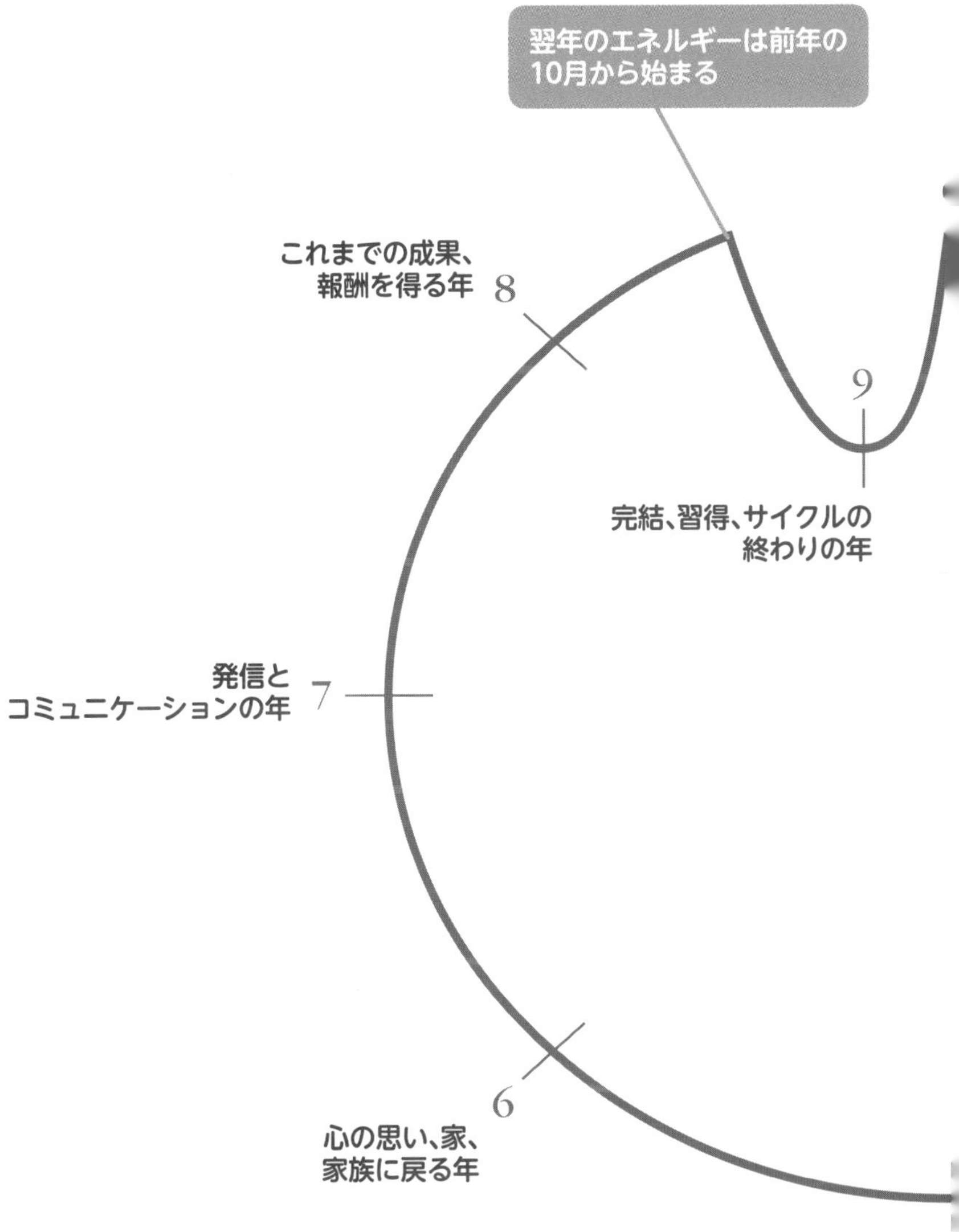
翌年のエネルギーは前年の
10月から始まる
これまでの成果、
報酬を得る年
8
9
完結、習得、サイクルの
終わりの年
発信と
コミュニケーションの年
7
6
心の思い、家、
家族に戻る年

最後に、2021年にグローバルイヤーとパーソナルイヤーの数字が合わさり、どんな影響を与えるのか、その可能性を見ていくことにするよ。

## 2021年のイヤーナンバーまとめ

**■グローバルイヤーナンバー「5」×パーソナルイヤーナンバー「1」**

体とマインドをひとつのものと考え、どちらかだけでなく両方を大切に。自分の内面にフォーカスしながら、体には何が必要なのかを探りましょう。頭だけで考えず、心を開くこと。新しいことをはじめるのにもいい年です。

**■グローバルイヤーナンバー「5」×パーソナルイヤーナンバー「2」**

1対1でする活動を大切に。体を動かすことが大事な年なので、パートナーや友人とエクササイズをするのもおすすめ。人間関係に変化が起こることがあります。ただそこで、流れに逆らわずに、まずは様子をみること。

**■グローバルイヤーナンバー「5」×パーソナルイヤーナンバー「3」**

チームで動くとうまくいきます。遊び心を忘れず、子どもが砂場で遊ぶよう

---

「7」――発信し伝える年。イヤー「6」でのんびりしているときに、浮かびあがってきた想いや感情。あなたの伝えたいことを声にして、世界へと発信して。自分のメッセージが明確でなければ、それはひとり時間が必要だというサイン。静かに内省する時間をとって。人との距離感には注意。自分の境界線を守って。

「8」――パワー全開、収穫の年。これまで8年間やってきたことが実り、成果が得られるはず。自分のところにきたものは、臆せず受け取るようにして。仕事力が高まり、結果を出せるので、どんどん動いてね。もし、いまいちパワーが出ないのだったら、それはエネルギーを蓄えているだけ。心配いらないわ。

「9」――9年周期の終わりの年。9年かけて取り組んできたことも、ここでひと区切り。いるもの、いらないものを整理して断捨離を。捨てるとなると執着が生まれるのが人間。ただ、怖がらずに手放すことで身軽になれるの。翌年のイヤー「1」で、気持ちを新たにはじめの一歩を踏み出すエネルギーが生まれるわ。

に、自由に世界を散策しましょう。計画を立てず、気持ちのおもむくままに行動を起こすのがカギ。家にいるよりも外に出る生活がおすすめ。

**■グローバルイヤーナンバー「5」×パーソナルイヤーナンバー「4」**

自分で決めた決まりごとを守り、生活を整えます。計画を立てたら必ず実行すること、生活基盤を安定させること、体とマインドのバランスを整えること、などが大切な年。ムーブメント瞑想もおすすめです。

**■グローバルイヤーナンバー「5」×パーソナルイヤーナンバー「5」**

1日に2回、1時間程度のエクササイズを。ネットワークが広がる年。活動的になり、新しい出会いは逃さないこと。人生に大きな変化が起きるかもしれません。頭を柔らかくして、抵抗せずに受け入れるようにしましょう。

**■グローバルイヤーナンバー「5」×パーソナルイヤーナンバー「6」**

カギは心を開き、心の思いを感じること。自然のあるところに出かけたり、ダンスをしたりして、心をゆるめ、解放しましょう。引っ越しをして新しい家に移ったり、思い切って海外に移住するのにもいい年です。

**■グローバルイヤーナンバー「5」×パーソナルイヤーナンバー「7」**

あなたの本物の声を発信し、思いや考え、主張を行動やものづくりを通して表現しましょう。体を受け入れ、許し、丁寧に扱います。体は人生を進むときの「乗り物」のようなもの。神聖なものとして大切に。

**■グローバルイヤーナンバー「5」×パーソナルイヤーナンバー「8」**

体を限界、それ以上まで追い込み、徹底的に鍛えましょう。今年は大きな行動に出るべきとき。結果を意識し、精力的に動きます。ただし、休み、エネルギーを蓄える時間も大切に。燃え尽きないように注意を。

**■グローバルイヤーナンバー「5」×パーソナルイヤーナンバー「9」**

体の動きのスキルをマスターします。意識的に行動を選び、ムダをなくすこと。断食をすると、体の限界を知ることができます。マインドと体をひとつにし、境目のない統合されたものとして感じ取れるといいでしょう。

**Y……**2021年のグローバルイヤーナンバー、パーソナルイヤーナンバーについてお話ししてきたけど、どうだったかしら？　「4」のマイナスの側面が出て、世界の秩序が大崩壊したグローバルイヤー「4」の2020年を経て、2021年に迎えるのは「5」のエネルギー。昨年を振り返り、反省するべきところはしながらも、変化を受け入れる年になりそうね。

新型コロナウイルスは世界に「歪み」をもたらしたけれど、それを改善しながらも、新しい常識や世界観を受け止め、そこをスタート地点として、何かしらの行動を起こしていく年。「5」には「バランス」という意味もあるけれど、崩れかけたバランスを、世界中の人たちが元に戻そうと動きはじめる年、という考え方もできるわね。「体」、「表現」を表す「5」のいい面が出れば、2021年に延期された東京オリンピックも、良い形で行われるかもしれないわ。

いずれにせよ、その年のグローバルイヤーナンバーとパーソナルイヤーナンバーを知ることは、その一年をどのように過ごせばいいのか？　についての最適な道しるべとなるの。ぜひ、みなさんも本書を参考に、2021年をより良い年にしていってくださいね。

# おわりに

## ヨガ数秘学の重大ニュース

生年月日の数字を通じて、あなたの本質、課題、人生の目的などを教えてくれるヨガ数秘学。もし、あなたは生年月日を自分で選んで生まれたきた、と言われたら？　誕生日以外にも、両親、生まれる国、経済状況まで、自分で決めて生まれてきたとしたら……？　すると、あなたらしさも、人生の課題も強みもすべて、生まれる前から決まってることになるのよね。人生の困難も両親との確執も、金銭的な苦労も、はじめからわかっていたこと。それも当然。あなたがこの世に生を受ける前に、自分で選んだものなのだから……。

## 生年月日は自分で選んで生まれてくる

これはヨガ数秘学の前提となる教え。生年月日の数字は、究極の「引き受け」を要求するの。誕生日もその数字を映し出す人生も自分で選んだもの。身に起きる出来事は、すべて自分が引き受けるもの。

でも、人生が非情ってわけじゃないわ。前へ進む力は、人のせいにしていたら絶対生まれない。理不尽も不条理も「自分ごと」として受け入れること。あなたのパワーが動き出すのはここから。「前を向いて生きましょう。あなたにはできるから」。これは、数字の教えからのいちばん大切なメッセージなの。

## 謝辞

ありがとう、を伝えたい人はたくさん。惜しみなく何でも（本当に何でも）教えてくれる数秘学の師タイラー・モンガン。いつも数秘学活動を応援してくれる、ヨガスタジオ『ヨガジェネレーション』のみなさん。瞑想の師であるサラ・パワーズ。リーディングや勉強会に来てくれる数秘学サロンの仲間。快く相談に乗ってくれる友人。なごみと癒しのうちの動物、サブローとトトロ（猫）、ひな（犬）。家族。本作りのど素人であるわたしに根気よくつきあってくださった文友舎の編集者・前田さん。

ヨガ数秘学の教えが、役に立ちますように！　仲間はいつでも大募集中。
数秘学生活を送りたいというあなた。ぜひ会いにきてね。

マダムＹＵＫＯ

# ヨガ数秘学2021

令和２年11月1日　初版第１刷発行
令和５年12月1日　　　第２刷発行

著者　マダムYUKO《ユウコ》

イラスト　カラシソエル

協力　タイラー・モンガン

デザイン　カワグチ トモユキ（シンカ製作所）

発行人　加瀬弘忠
編集人　前田宗一郎
発行所　株式会社文友舎
〒102-0082
東京都千代田区一番町29-6
電話　編集部03-3222-3733
出版営業部03-6893-5052
www.bunyusha-p.com

印刷所　大日本印刷株式会社


ISBN 978-4-86703-802-4